돈 교육은 머니트레이너 닷컴
MONEYTRAINER.COM

부자되기는 과학이다!

비샤드 지음

누구나 부자가 될 수 있다

들어가며

돈에 대해서 사람들 대부분이 너무나 이중적인 잣대를 가지고 있다.
돈, 부자를 비난하는 사람들 가운데,
진정으로 자신이 돈을 바라지 않거나 부자가 되기 싫다는 사람이
과연 얼마나 될까?
부자는 교육과 훈련으로 누구나 될 수 있다.
부자가 되는 데 비밀이나 특별한 노하우가 있는 게 아니다.
돈, 부자는 숭배 대상도 비난의 대상도 아니다.
경제와 부에 대한 교육과 훈련을 통해서 누구나 부자가 될 수 있다.

우리 모두가 어릴 때부터 돈과 경제에 대한 교육이 필요하다.
정규 교육을 12년 이상 받는 동안
돈과 경제에 대한 교육을 과연 몇 시간이나 받았을까?
자본주의 사회에서 돈에 대한 교육을 받지 못하고 사회로 나온
우리는 수영이나 배를 만드는 법을 제대로 배우지도 못하고
거친 바다에 던져진 것과 같다.
돈 때문에 범죄를 저지르거나 가족이 해체되고,
돈 때문에 힘든 인생을 살거나 가족과 다른 인간관계를 망치기도
한다.

많은 책이나 세미나에서
부자는 특별하거나 뛰어난 사람인 것처럼 묘사되고
부자가 되는 어떤 비밀이 있는 것처럼 설명하고 있다.

하지만 사실 지속적인 교육과 훈련을 통해서 자신이 바라는 만큼의
부자가 될 수 있다. 생각해보면 우리가 다이어트나 헬스 트레이닝을
하는 원리와 같다.
부자의 비법이나 특별한 능력이나 자질이 필요한 게 아니라
지속적인 교육과 훈련이 필요하다.
누구나 부와 경제 교육과 지속적인 훈련을 통해서
경제적인 걱정에서 벗어나고 경제적인 풍요를 이룰 수 있다.
부를 이루는 것은 제로섬 게임이 아니다.
내가 풍요로워진다고 해서 타인이 가난해 지는 것도 아니다.
부자가 되는 것, 풍요로움은 창조되어 진다.

우리가 지금보다 경제적으로 조금 더 자유로워지고
시간적으로도 더욱 자유로워진다면,
우리는 더 풍요롭고 행복해질 수 있지 않을까?
우리가 이 자본주의 사회에서 살아가기가 더 쉬워지지 않겠는가?

사람들 개개인에 맞추어진 경제 교육과 훈련이 지속적으로 필요하다.
경제 교육과 지속적인 훈련으로 우리 모두가 더 풍요로워질 수 있다.
100년 전과 비교해 보면 현재의 우리는 물질적으로 더 풍요로운 삶을
살고 있다.
중요한 것은 풍요를 위한 나만의 지속적인 교육과 훈련이다.

부자 되기는 과학이다.
우리의 훈련을 도와주는 머니트레이너가 있고
머니트레닝 센터가 있어
정신적으로나 경제적으로 보다 쉽게 풍요로워질 수 있다면
사랑하는 사람들과 더욱 더 행복한 삶을 살 수 있지 않을까?

이 책을 통해서
풍요의 바다, 행복한 부자로 나아가는
행복한 삶의 여정이 되기를 바랍니다.
당신의 소원이 이루어지기를 간절히 바랍니다.

머니트레이너닷컴

비사드

차 례

Part 1. 부자되기는 과학이다

Day 1	부자 되기는 과학이다	11
Day 2	돈에 대한 걱정을 하는가 돈에 대한 생각을 하는가	15
Day 3	부자에 대한 당신의 생각은	21
Day 4	당신은 어느정도 부자가 되기를 바라는가	26
Day 5	부를 선택으로 여긴다면 결코 성공할수 없다	31
Day 6	부자가 되려면 사람과 세상에 관심을 가져야 한다	34
Day 7	복권에 당첨된다면 무엇을 하고 싶은가	38
Day 8	큰 부자는 어떻게 만들어 지는가	43
Day 9	빨리 부자가 되고 싶은가	49

Part 2. 저축은 긍정적 미래에 초점을 두고 해야 한다

Day 10	행복한 부자되기	54
Day 11	뇌의 보상회로와 중독	59
Day 12	나의 자산과 부채 파악	68
Day 13	보수적 시간당 수입의 계산	72

Day 14	돈에 대한 나의 청사진	80
Day 15	내가 원하는 것과 나의 뇌가 원하는 것	86
Day 16	내가 가진 돈에 대한 가장 뛰어난 능력은	92
Day 17	돈에 대한 기본 원칙과 지출 방법	101
Day 18	현금흐름과 수각	109
Day 19	빚부터 갚아야 할까, 투자부터 해야 할까	114
Day 20	빚이 있더라도 저축하고, 비상금을 유지하라	119
Day 21	저축은 긍정적 미래에 초점을 두고 해야 한다	125
Day 22	최소한의 돈으로 살아보기	136
Day 23	노동시장을 넘어 자산시장으로	142
Day 24	부자가 되기 위한 도구들	148
Day 25	행복한 부자의 네 가지 가치	156

Part 3. 성공할 때까지 지속하면 성공한다

Day 26	아무리 높은 목표라도 자신감이 있다면 성취할 수 있다	164
Day 27	경제적 풍요를 위한 환경을 만들어라	169

Day 28	비가 오는 것도 눈이 내리는 것도 나의 책임이다	175
Day 29	성공할때까지 지속하면 성공한다	179
Day 30	좋아하는 일을 해야 할까, 잘하는 일을 해야 할까	185
Day 31	자신만의 창의적인 시간과 공간을 찾아라	189
Day 32	주위 사람에게 새로운 사업과 투자에 대한 의견을 물어 볼까?	194

Part 4. 종이에 쓰여진 것은 실체가 된다

Day 33	종이에 쓰여진 것은 실체가 된다	200
Day 34	관계적 가치와 내재적 가치 높이기	208
Day 35	시간 투자 연습하기	216
Day 36	마음! 끌어당김의 법칙	222
Day 37	가능성의 법칙	227
Day 38	균형의 법칙	233
Day 39	독서와 창의적 사고	239

Part 5. 밀어낼 사람과 공유할 사람

Day 40	밀어내야할 사람과 공유할 사람	243
Day 41	마음 안에 있는 것과 마음 밖에 있는 것	249
Day 42	선을 지키려면 악에 강해야 한다	253
Day 43	절제는 풍요로움으로 가는 통로다	260
Day 44	가장 용서하기 어려운 사람은 가장 사랑했던 사람이다	266
Day 45	관찰 자아	275
Day 46	나는 선한 사람인가	280

TalkTip   톡 팁, 머니트레이너닷컴!   286

Part 1. 부자 되기는 과학이다

Day 1

부자 되기는 과학이다!

부자에 대한 미신과 환상을 버려라.
Becoming Rich, It is Science

부자가 되기 위해서는
훨씬 더 과학적인 교육과 훈련이 이루어져야 한다.
스포츠에 과학을 접목할 때 신기록이 나오듯이,
부자가 되는 방법도 보다 체계적이고 과학적인 방법으로 접근해야 한다.

부자 되기는 과학이다!
부자에 대한 미신과 환상을 버려라.

> **부자처럼 생각하라!
> 그리고 부자처럼 행동하라!**

부자 되기는 과학이다.
부자가 되는 공식이 있다.
지속적으로 체계적인 교육과 훈련을 받는다면
누구나 부자가 될 수 있다.
누구나 이 세상이 제공하는 풍요로움을 누릴 수 있는 권리가 있다.

'돈'과 '부자'라는 말만큼 오해와 질투, 비난을 불러일으키는 단어도 드물다.
그래서 부자들은 종종 다른 부류의 사람들로 취급 받기도 한다.
부자들이라고 해서 모두가 부자가 아닌 사람보다
똑똑하거나 도덕적이거나, 착한 것은 아니다.

부자는 다른 행성에서 온 사람도 아니고, 다른 부류의 사람도 아니다.
부자들은 돈과 관련된 분야에서 경험과 지식을 많이 쌓아서
그 분야에서 다른 사람보다 조금 더 뛰어난 사람들일 뿐이다.
부자도 보통 사람과 똑같은 사람이다.
다만 남들과 다른 점이 하나 있다.
바로 돈에 대한 재정지능지수(FQ: Financial intelligence quotient)®가 더 높다는 것이다.

바둑 공부를 열심히 하고 많이 두어서 바둑에 대한 경험을 많이 쌓은 사람은 바둑에 대한 지식과 경험이 별로 없는 일반인을 쉽게 이길 수 있다.
그 일반인이 아무리 똑똑하고 천재적이라 하더라도, 바둑에 대해 전문적으로 배우고 경험을 쌓은 보통 수준의 두뇌를 가진 바둑기사를 이기기는 어렵다.
바둑을 잘 둔다고 해서 그 사람이 남들보다 도덕적이라든지,
착한 사람이라고 말하지는 않는다.
보통 사람들도 돈과 관련된 분야에서 체계적인 훈련으로
직접적, 간접적 경험과 지식을 쌓고 뛰어난 능력을 가질 수 있다.

풍요에 기반을 둔 재정 분야는
누군가가 이기면, 누군가는 져야만 하는 제로섬(Zero Sum)® 게임이 아니다. 시간이 지날수록 전체적인 돈의 양이 늘어나고 있다는 것은 역사적으로도 살펴볼 수 있다.
많은 사람이 정신적으로, 물질적으로 함께 풍요로워질 수 있다.

풍요로움과 부자에 대한 미신과 환상은 버려라.
'부자는 장(長)지갑을 쓴다', '어느 노신사가 들려주는 부의 법칙',
'어느 할아버지가 들려주는 부의 이야기',
'5,000년 전부터 내려오는 부의 비밀' 등과 같은
미신과 환상 이상의 체계적인 과학적 방법이 있다.
다수의 책들에서 돈과 부에 대한 내용을 전달할 때,
신비주의적 포장을 많이 한다.
물론 이런 책들에서도 배울 점은 분명 있다.
장지갑을 쓰고 돈을 가지런히 정리한다는 것은
돈을 소중히 생각하고 소중히 다룬다는 뜻이다.
당연히 이런 사람이 부자가 될 가능성이 조금 더 높아진다.
5,000년 전이나 지금이나 사람의 마음은 변하지 않았기 때문에
그때의 법칙들이 지금에도 적용될 수 있다.

하지만 부자가 되기 위해서는
훨씬 더 과학적인 교육과 훈련이 이루어져야 한다.
스포츠에 과학을 접목할 때 신기록이 나오듯이,
부자가 되는 방법도 보다 체계적이고 과학적인 방법으로 접근해야 한다.

'돈'과 '부자'에 대한 미신과 환상은 버려라.
'부자 되기'는 과학이다.

Day 2

돈에 대한 걱정을 하는가 ?
or
돈에 대한 생각을 하는가?

Do You Worry About Money,
or
Think About It?

돈에 집착하는 마음은
'돈이 없다'는 생각과 '없으니까 갖고 싶다'는 생각이 중심축을 이룬다.
부족함을 느껴 무엇인가를 얻으려 하지만,
결핍된 사고에서 벗어나지 않는 한,
풍요라는 반대되는 상황을 만들 수 없다.

돈에 대한 걱정을 하는가 ?
or
돈에 대한 생각을 하는가?

많은 사람이 매일 매일 돈 생각을 하면서 삶을 살아간다.
과연 하루라도 돈에 대해 생각하지 않는 사람이 있을까?
아마 없을 것이다.
문제는 대부분 사람이 하는 '돈 생각'이
사실은 돈에 대한 생각이 아니라 돈에 대한 걱정이라는 것이다.

돈에 대한 걱정은 돈이 부족해서 생길지도 모르는 일에 대한
어렴풋한 두려움의 감정일 뿐,
대부분 실제로 일어나지 않을 일들에 대한 것이다.
그럼에도 돈에 대한 두려움에서 나타나는 부정적 생각들은
매일 반복해서 떠오른다.

돈에 대한 부정적 생각은 다시 돈에 대한 걱정과 두려움을 부른다.
부정적인 생각과 돈에 대한 두려움의 감정 악순환이 계속되는 것이다.
부정적 생각과 돈에 대한 두려움의 감정은 부정적 근원에 뿌리를 두고 있다.
그러므로 그 결과도 당연히 부정적다.
당신이 계속해서 부정적으로 생각하고 느낀다면
이는 그대로 현실이 되어 나타날 것이다.

스스로 인식하든 인식하지 못하든
우리는 매일 돈에 대해 생각하고 감정을 느끼며 살아간다.
돈에 대한 부정적인 생각에서 벗어나기를 원한다면
매일 돈에 대한 자신의 생각과 감정을 기록해서 파악해 보자.

돈에 대해 어렴풋하게 걱정하고 부정적으로 생각하는 것이 아니라
목표를 세우고, 돈에 대해 구체적이고 긍정적이고,
지속적인 생각을 해야 한다.
이런 생각들이 가져오는 돈에 대한 희망적이고, 긍정적이고,
행복한 감정을 매일 매일 느껴야 한다.
그러면 여러분의 삶도 여러분이 원하는 대로 이루어질 것이다.

> **돈에 대한 집착과 손해 본다는 생각을 버려라.**

돈에 대한 집착과 손해 본다는 피해 의식에 사로잡힌
사람에게는 돈이 모이지 않는다.

돈에 집착하는 마음은
'돈이 없다'는 생각과 '없으니까 갖고 싶다'는 생각이 중심을 이룬다.
부족함을 느껴 무엇인가를 얻으려 하지만,
결핍된 사고에서 벗어나지 않는 한,
풍요라는 반대되는 상황을 만들 수 없다.
결핍된 사고의 상태에서는 무엇인가를 충만하게 채우기 어렵다.
부족한 무엇인가를 채우려 할 때마다 일이 틀어진다.
일이 진행될 듯하다가 마지막 순간에 틀어지는 일이 경우가 잦다면
그 이유를 외부가 아닌 자신의 내부에서 찾아야 한다.

사람들에게 필요한 일을 해 주다 보면 돈은 필연적으로 따라오게 되어 있다.
이런 사실을 확실히 알고, 자신의 일에 최선을 다해야 한다.
당신이 지금 하는 일에서 충분히 역량을 발휘하여야
다음 단계로 나아갈 수 있다.
확신이 있는 곳에는 결코 의심이 생기지 않는다.
풍요에 대한 확신이 있고, 현재의 일에서 충분히 역량을 발휘하여야
다음 단계의 풍요로 나아갈 수 있다.

손해 본다는 생각을 버려야 한다.
돈과 관련된 것이든 무관한 것이든 '손해 봤다'는 생각에 너무
연연하지 말자.
손해 봤다는 피해 의식,
과거 자신이 한 일에 대한 후회,
손실에 대한 분노의 감정,

이런 것들은 당신이 풍요를 향해 나아가는 것을 막는 장애물일 뿐이다.

당신이 길을 가다가 누군가에게 이유 없이
따귀를 한 대 맞았다고 가정해 보자.
상상만 해도 기분이 나빠지고,
실제로 겪는다면 더욱 기분이 나쁠 것이고, 화가날 것이다.
하지만 더 큰 문제는 당신이 따귀를 한 대 맞은 뒤에,
분한 마음에 계속 그 상황을 생각하고,
친구에게 분한 심정을 설명하기 위해 머릿속으로 그 상황을
재구성하고,
다시 현실에서 친구들에게 말하고,
계속 그런 식으로 부정적 이미지와 감정들을 마음속에 쌓아 가는
것이다.
남에게 억울하게 따귀를 한 대 맞아서 생긴 부정적 이미지 한 장을
시간이 지나면서 스스로 부정적인 경험을 생각하고, 재구성하고,
말하면서
수백 장이 넘는 부정적 이미지를 스스로에게 심게 된다.
당신에게 이렇게 끔찍한 해를 입힌 사람은
이유 없이 따귀를 한 대 때린 사람인가
아니면 당신 자신인가?

세상에서는 예측하지 못한 어떤 일도 일어날 수 있다.
그 일에 대해 어떻게 반응하고, 어떻게 대응할 것인지는
여러분의 선택이다.

나에게 발생한 부정적인 사건은 한 번으로 흘러가게 하고
빨리 잊도록 하자.
사건을 스스로 재생산해서 자신을 괴롭히지 말아야 한다.
주위 사람에게 이야기해서 동정과 위로를 받으려 하지도 말자.
받으려는 마음을 먹거나, 받으려는 마음을 갖지 말고,
베푸는 마음을 먹고 베푸는 마음을 연습하자.
동정과 위로와 관심을 받으려고 하는 것도 마음속 빈곤에서 비롯된다.
받는다고 채워지지 않는다. 더욱 갈증 날 뿐이다.
주려고 연습하면 베푸는 마음과 풍요로운 마음이 생긴다.

Day 3

부자에 대한 당신의 생각은?
What Do You Think of Rich People?

세상에 온통 나쁜 부자들뿐이고,
착한 부자가 단 한 명 뿐이라고 할지라도
당신은 그 한 명의 착한 부자를 보고 나아가라.
만약 세상에 착한 부자가 한 명도 없다고 할지라도
당신이 첫 번째 착하고 선한 부자가 되면 된다.
세상 모든 부자가 나쁜 사람이라는 사실이
당신이 가난하게 살아야 할 이유가 될 수는 없다.

부자에 대한 당신의 생각은?

부자라는 말을 들었을 때 당신은 어떤 생각과 감정이 떠오르는가?
부자라는 말을 들을 때 떠오르는 감정과 생각을 간략히 적어 보자.

떠오르는 생각

_____

_____

느껴지는 감정

_____

_____

만약 당신이 부자들에게 부당한 일을 당한 경험이 있다면,
부자라는 말을 들었을 때 불쾌한 생각과 감정이 떠오를지 모른다.
그래서 부자라는 말을 들었을 때
당신에게는 욕심 많은 사람들, 나쁜 사람들, 부도덕한 사람들, 야비한
사람들 등과 같은 부정적인 생각과 감정이 떠오를지도 모른다.

과연 세상에 착한 부자는 없는 걸까?
우리가 겪었던 나쁜 부자들이라 할지라도
과연 하루 종일 100% 나쁜 생각만 하고 나쁜 행동만 하면서
살아갈까?

아마 아닐 것이다.
만약 이 세상에 착한 부자가 단 한 명도 없다고 할지라도
당신이 첫 번째 착한 부자가 되면 된다.
부자를 욕하면서 시간을 보내기보다
첫 번째 착한 부자가 되기 위해 노력하며 시간을 보내라.
당신이 부자가 되어서 세상에 선한 행동을 하기 시작한다면
당신은 세상에 빛과 소금과 같은 존재가 될 것이다.
부자가 되는 첫 번째 단계는
부자에 대한 당신의 잘못된 생각을 바로잡는 것이다.

체로키 인디언의 두 마리 늑대 이야기가 있다.
"우리 마음속에는 나쁜 늑대 한 마리와 착한 늑대 한 마리가 같이
산다.
이 두 마리 늑대 중 당신이 자주 먹이를 주는 늑대가 이긴다."[a]

당신이 하루 동안 하는 생각과 당신이 하루 동안 느끼는 감정 가운데
선한 생각과 감정은 어느 정도이고 악한 생각과 감정은 어느
정도일까?
당신은 어떤 늑대에게 먹이를 주고 있는가?
부자가 나쁘다는 생각을 하면서 부자가 되기를 바란다면,
당신은 나쁜 늑대에게 먹이를 주면서
착한 늑대가 이기기를 바라는 것과 같다.
당신의 삶은 당신의 생각과 감정을 중심으로 이루어진다.
부자에 대한 부정적 생각을 하면서
어떻게 당신이 부자가 될 수 있겠는가?
만약 세상에 온통 나쁜 부자들뿐이고,
착한 부자가 단 한 명 있다고 할지라도
당신은 그 한 명의 착한 부자를 보고 나아가라.
만약 세상에 착한 부자가 한 명도 없다고 할지라도
당신이 첫 번째 착하고 선한 부자가 되면 된다.
세상 모든 부자가 나쁜 사람이라는 사실이
당신이 가난하게 살아야 할 이유가 될 수는 없다.

"부자가 되면 전부 나쁜 사람이 될까?
혹은 부자가 되어서 주위 사람에게 욕을 먹을까?" 두려워하지 마라.
부와 행복을 동시에 가질 수 없다고 생각하지 마라.
두려워하지 말고 부자가 되어라.
물질적 풍요와 정신적 풍요를 함께 누리는
착하고, 선한 부자가 되어라.

내가 부자가 된다면, 나는 어떤 삶을 살아갈까?

_____

_____

_____

_____

_____

Day 4

당신은 어느 정도로 부자가 되기를 바라는가?
How Much Money Do You Want to Earn?

부자가 되어서 행복한 게 아니라
행복하기 때문에, 행복한 부자가 될 수 있다.
지금 불행한 사람은 부자가 되어서도 불행해진다.
먼저 지금 이 순간에 행복해져야 한다.

당신은 어느 정도로 부자가 되기를 바라는가?

수십년 전에는 백만장자ⓐ(millionaire, 약 12억 원)라는 단어가
부자를 나타내는 단어였다.
하지만 요즈음 대부분의 선진국에서는 그 정도 돈을 가진 사람을
부자 취급을 하지는 않는다.
개인의 성향, 문화권, 나라에 따라 그리고 시대에 따라
부자를 정의하는 개념과 부자라고 인식하는 부의 기준은 다를 수
있다.

인간의 욕망은 세상의 어떤 부유함으로도 채울 수 없다.
부자가 되는 길로 나아가기 전에
당신이 원하는 부의 크기를 설정해 보고
목표를 구체화할수록 그 목표를 이룰 가능성이 커진다.

"가능하면 큰 부자가 되겠다."와 같이 정확하지 않은 목표는
이루기가 어렵다.
목표점이 수시로 변해서도 이루기가 어렵다.
이동하는 과녁을 맞히기는 어렵다.
내가 원하는 물질적 부의 크기를 생각해 보고 써 보도록 하자.
하나의 목표점을 이루고 다음 목표점을 새로 만들면 된다.
부자가 되고 나서 어떤 삶을 살고 싶은지도 미리 생각해 보자.
글로 써 보기도 하고, 부자의 삶의 이미지를 그림, 혹은 사진을 찾아
자신이 늘 볼 수 있는 곳에 붙여 두는 것도 도움이 된다.
눈으로 보면서 간절히 바라면 이루어지기가 쉽다.

당신은 어느 정도 물질적 부를 이루기 바라는가?

_____

_____

_____

부자가 되고 나면 나는 어떤 삶을 살 것인가?

_____

_____

_____

많은 사람이 생각하는 부자의 삶은 어떤 걸까?
늘 맛있는 음식을 먹고,
늘 명품 쇼핑을 하고,

좋은 차를 타고,
해외여행을 하고,
넓은 집에 살고,
요트를 가지고 있고,
자가용 비행기를 가지고 있고,
많은 사람이 대부분 이렇게 물질적인 부자만을 생각할 것이다.

하지만 물질적 풍요만 추구한다면 과연 우리들의 욕망에 끝이 있을까?
답은 정해져 있다.
인간의 욕망에는 끝이 없다.
조금만 더 깊이 생각해 본다면,
물질적 풍요를 추구하는 이 끝없는 길만을 가지는 않을 것이다.
이 책의 뒷부분에서 살펴보겠지만
우리에게 행복과 만족을 주는 가치는 물질적 가치만 있는 것은
아니다.
물질적 풍요를 추구하는 끝없는 길에서
스스로 속도를 줄이고 멈출 곳을 결정할 필요가 있다.
물질적 풍요를 향한 여행을 떠나기 전에
어느 정도의 목표를 정할 필요가 있다.
한 번 정했다고 할지라도 또 변하겠지만,
첫 목적지를 정해야 한다.

물질적 풍요의 여행을 떠나 물질적 풍요의 집을 지을 때
언젠가 돌아올 정신적 풍요의 집도
매일 조금씩 같이 지어야 한다.
물질적 풍요가 주는 만족에는 한계가 있다.
명품 가방이나 명품 자동차를 처음 구입할 때에는 누구나 큰 만족을
느낀다.

하지만 101번째로 명품 가방을 구입할 때에도
여전히 처음처럼 만족스럽고 행복할까?
그렇지 않을 것이다.
물질적 풍요만을 추구하는 길을 간다면
언젠가는 더이상 나아갈 수 없는 허무의 바다에 도달할 것이다.
그러므로 물질적 풍요와 물질적 행복을 추구하더라도
돈으로는 얻지 못하는 행복을 느낄 수 있도록
동시에 노력해야 한다.

아이의 웃음에서 행복을 느낄 수 있고,
따뜻한 햇살에서 행복을 느낄 수 있고,
시원한 물 한 잔에 행복을 느낄 수 있고,
이 세상에 지금 살아서 존재할 수 있는 것만으로도
감사함을 느낄 수 있다면,
물질적 풍요로 당신은 더 충만하고 감사한 삶을 살 수 있을 것이다.

부자가 되어서 행복한 게 아니라
행복하기 때문에, 행복한 부자가 될 수 있다.
지금 불행한 사람은 부자가 되어서도 불행해진다.
먼저 지금 이 순간부터 행복해져야 한다.

Day 5

부를 선택으로 여긴다면 성공할 수 없다
If You Consider "Being Rich" as an Option, You Will Not Succeed

대부분 자수성가한 부자들은
살아오면서 어느 순간에 강렬한 계기로 인해
부자가 되겠다고 스스로 결정한 사람들이다.
당신이 진정 무언가에 전념해서 노력할 때,
그 성공 가능성을 통제할 수 있는 사람은
오직 당신 자신뿐이다.

부를 선택으로 여긴다면
성공할 수 없다

대부분 자수성가한 부자들은 살아오면서 어느 순간에 강렬한 계기로
인해 부자가 되겠다고 스스로 결정한 사람들이다.
사람들은 대부분 살면서 적어도 몇 번씩은 부자가 되고 싶다는
갈망을 느낀다.
그 갈망의 정도는 사람마다 서로 다르다.
무슨 일이 있어도 부자가 되겠다고 강력하게 결심하는 사람은
1%도 되지 않는다.

자수성가한 부자들은 대부분이
지금 당신이 처한 것과 유사한 상황에서도
부자가 되겠다고 강력히 결심한 사람들이다.

당신에게 어떤 일이 생기든 스스로 책임지고 받아들이겠다고
결심한다면,
그 결심이 시작점이 되고 그 결심의 강도가 당신의 추진력이 된다.
어떤 사람은 한 번의 결심으로 충분하지만,
대부분의 사람은 수도 없이 많은 결심을 반복해야 한다.
매년 초에는 사람들이 다이어트와 건강을 위해
헬스장이나 스포츠클럽 등에서 운동을 하려고 등록한다.
그러나 연초에 비정상적으로 북적이던 헬스장은
1~2주가 지나면서 원래의 모습으로 돌아간다.

여러 번 결심을 반복하여 초심을 잃지 않아야 앞으로 나아갈 수 있다.
단순히 결심하는 것에 그치지 말고
같은 목적을 가진 사람들과 만나고, 정보를 나누며,
같이 고민하고 비교하고 경쟁도 하며 나아가라.
혼자서는 못 가는 먼 길도 같이 가는 동료가 있다면 갈 수 있다.

사람들은 부자가 되기를 그토록 원하지만
원하는 일을 달성할 때까지 흔들리지 않고
지속적으로 노력하는 사람은 매우 드물다.
다이어트를 시도하는 수많은 사람 중
단 4.4%만이 실제로 성공한다고 한다.[a]

당신이 진정 무언가에 전념해서 노력할 때,
그 성공 가능성을 통제할 수 있는 사람은
오직 당신 자신뿐이다.

Day 6

부자가 되려면 사람과 세상에
관심을 가져야 한다
To be Rich, Take Interest In
Others and The World Around You

모든 물건과 서비스의 출발점은
사람들이 원하고 필요로 하는 것에서 시작된다.
그래서 자신만 생각하는 사람보다
다른 사람의 욕구, 욕망, 필요를 잘 파악하는 사람이
돈을 벌 수 있는 기회를 더 많이 가지게 된다.

부자가 되려면 사람과 세상에 관심을 가져야 한다

산 속에서 혼자서 모든 것을 자급자족하면서 살아간다면
돈이 필요 없을 것이다.

돈은 사람들이 물건과 서비스를 쉽게 주고받기 위해 만들어졌다.
따라서 돈을 잘 벌기 위해서는 사람과 사회, 세상에 관심을 가져야
한다.
사람들이 필요로 하는 것과 원하는 것을 잘 파악하고,
사람들의 문제점들을 해결해 주고,
사람들을 재미있고 행복하게 해 주어야 한다.
모든 물건과 서비스의 출발점은
사람들이 원하고 필요로 하는 것에서 시작된다.

그래서 자신만 생각하는 사람보다
다른 사람의 욕구, 욕망, 필요를 잘 파악하는 사람이
돈을 벌 수 있는 기회를 더 많이 가지게 된다.
장사나 사업에서 성공하려면 다른 사람과 사회에 대한 관심은
필수적이다.
더욱이 자산 시장에서 성공하기 위해서는 세계 경제와 정치에 대한
관심이 필수적이다.
오늘날 국제화된 경제 속에서 각국의 경제는 서로 의존적으로 얽혀
있다.
따라서 강대국의 정치적 이해관계와 경제적 이익이
약소국의 경제에 영향을 미칠 수밖에 없다.
이렇게 국가 간의 이해관계는 환율, 관세, 정치, 군사 분야의
문제나 분쟁 등으로 나타난다.
이런 것들에 대한 관심과 이해가 없다면, 자산 시장에서 어떠한
투자를 한다 해도 지속적인 성공을 이룰 수 없다.

우리 현실에서 부자는 대부분 남을 생각하지 않고,
어떻게든 자신만의 물질적 이익을 위해
자신보다 가난한 사람들에게 갑질을 하는 사람들일지도 모른다.
나 역시도 이런 건물주를 만나서 답답하고 화가 났던 경험이
여러 번 있다.
하지만 시간이 조금 지나고 보니 이들이 안쓰러운 생각이 들기도
했다.
물질적 부를 조금 소유했을지는 모르지만,
이들의 마음은 여전히 가난했다.

이들은 앞으로 설명할 '행복한 부자의 네 가지 가치' 중 물질적 가치만 조금 더 가진 사람들일 뿐이다.
전체 네 가지 가치적 측면에서 아주 가난하고 불쌍한 사람들이다.
물질적 풍요는 그들의 공허한 내면을 결코 채워 주지 못할 것이다.

이런 잘못된 부자에게 눈을 돌리지 말고 바람직한 부자의 예를 찾아보자.
처음에는 찾아보기 힘들지도 모른다.
그러나 당신이 성공을 해 감에 따라 다른 사람을 돌보고 사회에 관심을 가지는 부자를 점점 많이 만나게 될 것이다.
당신 주위에 이런 부자가 많이 있음을 느낄 때 당신 자신을 한 번 돌아보라.
아마 당신도 그런 부자가 되어 있을 것이다.

Day 7

복권에 당첨되면 무엇을 하고 싶은가?
What Would You Do If You Won the Lottery?

복권에 당첨되고 돈을 유지하는 것이 더욱 어려운 것은
이런 일들이 일어나는 속도의 차이 때문일 것이다.
재정 교육을 미처 받지 못하고 준비되어 있지 않은 가운데,
너무 급작스레 많은 돈이 들어오면 대처가 쉽지 않기 때문에
여러 가지 문제가 생긴다.

복권에 당첨되면
무엇을 하고 싶은가?

만약 복권에 당첨된다면 당신은 무엇을 하고 싶은가?
생각만 해도 즐거운 상상이다.
당신이 복권에 당첨됐을 때 하고 싶은 일들을 써 보자.

1
2
3
4
5
6

복권에 당첨되고도 당신이 지금까지 하고 있던 일을 계속할 수 있겠는가?
아니면 복권에 당첨되자마자 일을 그만둘 것인가?

부자가 되어도 일은 한다.
돈을 벌기 위해서가 아니라 자신의 즐거움을 위해서
그리고 타인의 행복과 즐거움을 위해서 일을 한다.
그렇게 하면 결과적으로 더 많은 돈이 들어오게 된다.

이런 식으로 부의 선순환이 계속된다.
행복한 부자는 부가 축적될수록 사회와 사람들을 위해
좀 더 의미 있는 일을 하고자 하고,
더 많은 사람들에게 혜택이 돌아갈 수 있는 방법을 생각하고
행동한다.

복권에 당첨되는 즐거운 상상을 마음껏 해 보자.
정말 즐거운 일이다.
돈이 드는 일도 아니다.

자, 이제 현실로 돌아와서
당신이 복권에 당첨됐을 때 하고 싶다고 적어 놓은 목록을 살펴보자.
항목이 소비나 지출 부분이 많은가?
아니면 투자 부분에 집중되어 있는가?
당신의 목록을 낭비와 소비, 투자로 나누어 보자.

당신이 재정에 대한 교육을 제대로 받지 않았다면,
복권에 당첨되어도 여러 가지 곤란한 문제에 부딪치게 될 것이다.
당신이 복권에 당첨되었다는 소문은 금방 주변에 퍼질 것이고,
가족, 친척, 친구, 기부단체 등은 당신에게 돈 문제로 여러 가지
요청을 할 것이다.
사람들은 언제나 돈이 부족하기 때문에 갑자기 공짜로 많은 돈을
벌었다는 소문은 많은 사람을 당신 주변으로 모여들게 한다.
그 중에는 전문적인 사기꾼도 있을지 모른다.
당신이 가족이나 친척, 친구의 요청을 거부하면,
그 요청은 곧 요구로 바뀔 것이다.
이전까지 아무 문제가 없던 당신의 관계적 가치가
위협받기 시작한다.

돈이 없었을 때는 당신의 내부에 잠재해 있던 욕망도
돈이 생기면 슬그머니 나타나 요구를 하기 시작할 것이다.
이 욕망을 제대로 다스리지 못하면
당신의 복금 당첨금은 어떤 식으로든 낭비되고 탕진될 것이다.

당신이 돈에 대해 충분히 이해하고, 재정지능지수가 높다면,
복금 당첨금을 자신의 교육에 투자하고, 손실에 대비하고,
미래의 수익을 낼 수 있는 자산에 투자하려 할지 모른다.
수익을 내는 자산에 투자하기 위해서는 지식과 지혜가 필요하다.
돈을 잘 이해하는 사람은 복권 당첨금을
수동적인 수익(passive money)이 발생하기 전에
소비재나 감가되는 물품을 사는 데 낭비하지 않을 것이다.

돈이 생기고 나면
자산 수익 같은 수동적 수익이 들어올 때까지 기다려야 한다.
그 수동적 수익 범위 내에서 지출하며 자신이 하고 싶었던 것들을
미래로 약간만 미룰 수 있다면 당신은 부자로 남을 수 있으며,
계속 더 부자가 될 것이다.
머리가 아픈가?
복권에 당첨되는 것은 상상만으로도 너무나 기분 좋은 일이지만,
그 뒤에 따라오는 많은 골치 아픈 일들을 지혜롭게 대처할 수 있어야
한다.
사업 성공 후 또는 돈을 벌고 난 후에도
복권 당첨 후와 비슷한 일들이 일어난다.

복권에 당첨되고 돈을 유지하는 것이 더욱 어려운 것은
이런 일들이 일어나는 속도의 차이 때문일 것이다.
재정 교육을 미처 받지 못하고 준비되어 있지 않은 가운데,
너무 급작스레 많은 돈이 들어오면 대처가 쉽지 않기 때문에
여러 가지 문제가 생긴다.

돈이라는 양날의 검을 잘 다루지 못한다면
자기 자신과 가족, 그리고 주위 사람들에게도
돌이킬 수 없는 피해를 입히게 된다.

Day 8

큰 부자는 어떻게 만들어 지는가?

- 큰 부자가 되기 위한 세 가지 조건 -
What Makes a Billionaire?

우리는 자신만을 위해 노력할 때에는 쉽게 포기해도,
가족을 위해 노력할 때면 쉽게 포기하지 않는다.
많은 사람을 위해 보다 큰 생각과 목표와 꿈을 가진 사람이라면
어떤 어려움에도 지치거나 포기하지 않고 나아가는 큰 에너지가 생긴다.

큰 부자는 어떻게 만들어 지는가?
- 큰 부자가 되기 위한 세 가지 조건 -

보통 부자보다 100배 더 부자인 사람은
100배의 더 많은 노력을 했을까?
그건 아닐 것이다.
작은 부자든 큰 부자든, 혹은 부자가 아닌 사람 중에도
매우 성실하게 노력하며 살아가는 사람은 많다.
그렇다면 무엇이 부의 크기 차이를 만들어 내는 것일까?

작은 부자는 자신의 노력만으로 가능하지만,
"큰 부자는 하늘이 만든다.
환경과 타이밍이 큰 부자를 만든다.
난세에 영웅이 나고, 시대가 영웅을 만든다."라고들 한다.

큰 부자가 되기 위한 3 가지 조건
1. 생각의 크기
2. 경제적, 문화적 환경
3. 타이밍과 행운

1. 생각의 크기

우리는 자신만을 위해 노력할 때에는 쉽게 포기해도,
가족을 위해 노력할 때면 쉽게 포기하지 않는다.
마찬가지로 자신만의 풍요와 행복을 위해 노력할 때에는
어느 정도 부를 이루면 더 이상 나아가지 않고 안주하려는 사람이
많다.
하지만 많은 사람을 위해 보다 큰 생각과 목표와 꿈을 가진
사람이라면 어떤 어려움에도 지치거나 포기하지 않고
나아가는 큰 에너지가 생긴다.
작은 생각과 목표는 빨리 이루어지겠지만,
큰 생각과 목표가 이루어지는 데에는 더 많은 시간과 에너지가
필요하다.
작은 생각과 목표를 가졌다가 그 생각이 이루어지고 나면,
더 이상 노력해서 나아갈 이유가 사라져서
방향을 잃은 배처럼 표류하게 된다.

하지만 큰 꿈을 가지고 단계적으로 목표를 향해 나아간다면
방향을 잃고 표류하는 일은 없을 것이다.

2. 경제적, 문화적 환경

작은 연못에는 큰 물고기가 살 수 없다.
큰 물고기가 살기 위해서는 그에 걸맞는 환경이 필요하다.
마찬가지로 큰 기업으로 성장하기 위해서는 환경이 중요하다.
경제적 시장이 작고 척박한 곳에서 세계적 기업이 자라기는 쉽지
않다.
물론 현대 사회는 인터넷과 자유 무역을 통해서
전 세계가 하나의 시장으로 연결되어 있지만,
기업이 성장하기 위해서는 그에 걸맞은 환경이 필수적이다.

페이팔의 공동 창업자이자 페이스북의 초기 투자자인
피터 틸®은 이렇게 말했다.
"스탠퍼드에서 반경 5마일(약 8킬로미터) 이내에서
나의 모든 사업은 이루어진다."
실제로 틸에게 커다란 영향을 미친 비즈니스 파트너와 스승을 만난
곳이 스탠퍼드이고, 틸의 사업도 스탠퍼드 반경 5마일 이내에서 모두
이루어졌다.

아프리카 대부분 아이들에게는 염소와 가축을 많이 기르는 것이
꿈이다.
환경과 문화와 교육이 생각을 지배하기 때문이다.

그러므로 좋은 환경과 문화, 좋은 교육에 노출될 수 있도록
의도적으로 노력해야 한다.

3. 타이밍과 행운

워렌 버핏은 미국의 투자회사 버크셔 해서웨이의 주주들에게 보낸
서한에서 이렇게 말했다.
"경제라는 하늘에는 대략 10년에 한 번씩 먹구름이 몰려옵니다.
금융위기라는 '금비(Golden rain)'를 짧은 시간 동안 내려 줍니다.
그럴 때는 티스푼이 아니라 목욕통을 들고 달려 나가야 합니다."ⓐ
이것은 무엇을 강조한 이야기인가?
기회, 즉 타이밍이다.

개인적 의지와 능력이 아무리 뛰어나다 하더라도
타이밍이 맞지 않고, 시대가 허락하지 않으면
자신의 능력을 발휘할 수 없다.
마이크로소프트사의 창업자 빌 게이츠는
CNN 인터뷰에서
"나에게는 큰 행운(super lucky)이 따랐다."ⓐ라는
표현을 여러번 썼다.
운 좋게 컴퓨터와 인터넷이 처음 개발될 때,
그 시대의 초창기 컴퓨터를 접할 수 있었던
소수의 학생이 되는 행운이 따랐다는 것이다.

자신만을 위한 생각을 넘어서
보다 큰 생각을 하고,
자신의 노력을 넘어서
경제적, 문화적 환경과 타이밍까지 살필 수 있는 지혜를 기른다면,
당신에게도 행운이 따를 것이다.

Day 9

빨리 부자가 되고 싶은가?

Do You want to Get Rich, Quickly?

빨리 부자되는 방법을 제시하는 책들이 있다.
우리가 그만큼 속도를 중요하게 생각하고 있다는 것이다.
하지만 속도보다 중요한 것은 방향성이다.
하루하루를 즐겁고 행복하게, 조금씩 부자가 되어 가다 보면
어느 순간 당신이 예상하지 못한 행운이 찾아오고,
어느덧 부자가 되어 있는 자신을 발견하게 된다.

빨리 부자가 되고 싶은가?

빨리 부자되는 방법을 제시하는 책들이 있다.
우리가 그만큼 속도를 중요하게 생각하고 있다는 것이다.
하지만 속도보다 중요한 것은 방향성이다.
부자가 되기 위해 아무리 속도를 내어 달리더라도
방향을 잘못 잡는다면
결국은 당신이 원하는 목적지와 더 멀어지게 된다.

왜 부자가 되려고 하는가?
돈을 많이 벌고자 하는 이유는 무엇인가?
자신에게 물어보자.
"나는 왜 부자가 되려 하는가?"

왜 부자가 되고자 하는지 생각을 정리해 적어 본 적이 있는가?
부자가 되고자 하는 데는 여러 이유가 있겠지만
결국 행복해지기 위해서 아닐까?
하지만 부자가 된다고 반드시 행복해질 수 있을까?
여러분 주위에 부자들을 잘 관찰해 보라.
그들이 모두 행복해 보이는가?
그렇지 않을 것이다.

행복한 부자가 되기 위해서는
하루하루를 어제보다 풍요롭게 살아갈 수 있도록 노력해야 한다.
그러면 어느 순간, 행복한 부자가 되어 있는 자신을 발견할 것이다.
그 시간이 얼마나 걸렸든, 행복했던 시간은 순간처럼 느껴진다.
아인슈타인이 말했듯 시간은 상대적인 것이기 때문이다.
행복하게 하루하루를 살고 어제보다 조금 더 풍요로운 오늘을
만들어 가는 것이 부자가 되는 가장 빠른 방법이다.

우리 뇌는
지금 일어나고 있는 일에 대해서는 부정적으로 반응하고
먼 과거에 일어났던 일에 대해서는 긍정적으로 기억하는 경향이 있다.
오늘 하루에 즐겁고 기분 좋은 일이 아홉 가지가 있고
기분 나쁜 일이 한 가지 있었다면,
잠자리에 들기 전에 어떤 일이 주로 생각날까?
당연히 기분 나빴던 한 가지 일이 생각날 것이다.
행복하고 즐거웠던 일을 의도적으로 기억하려고 노력하지 않으면
우리 뇌는 부정적인 일을 우선적으로 기억한다.

오랜 진화의 시간 동안 부정적인 일을 기억하고 실수를 반복하지 않는
것이 생존에 더 유리했기 때문이다.
과거에는 단 한 번의 실수가 곧 죽음을 의미할 수도 있었다.
그래서 우리의 뇌는 실수와 부정적인 일에 집중한다.
매일 5분 정도 감사한 일, 행복한 일, 즐거운 일을
의도적으로 기억하는 연습을 반복하면
우리 뇌는 그것을 긍정적 경험으로 장기적으로 기억한다.

빨리 부자가 되고 싶다고 조급하게 마음먹을수록
부자가 되는 시간은 더뎌지고,
어쩌면 영영 부자가 되지 못할지도 모른다.
조급한 마음을 가지고 거래나 협상을 한다면
상대는 당신의 마음을 파악하고 점점 더 시간을 끌려고 할 것이다.

당신이 열심히 돈을 모아서 생애 첫 부동산을 매입하려 한다고 생각해
보자.
부동산 같은 자산을 처음으로 매입하게 된 당신은
빨리 부자가 되고 싶다는 생각에 조급한 마음을 가지고
부동산을 매입하려고 할 것이다.
부동산 중개인이 그 부동산을 사려는 경쟁자가 있다는 말을 살짝
흘리며 당신 앞에서 그 가상의 경쟁자에게 전화하는 것을 연출하면
당신은 더욱 조급해진다.
별 볼 일 없는 부동산도 조급한 마음을 이용하면 비싸게 팔린다.
대부분의 사기꾼이 사람의 그런 조급한 마음과 탐욕스러운 마음을
이용한다.

당신의 그런 조급한 마음과 남에게 투자 기회를 뺏기지 않으려는
경쟁심, 탐욕스러운 마음을 아주 교묘히 이용하는 것이다.

중세 시대의 연금술에 대해 들어 본 적이 있는가?
'연금술'이란 물질을 원하는 대로 변형시킨다는 것으로,
특히 비금속을 금으로 바꾸려는 시도다.ⓐ
우리는 신화적 연금술, 즉 물을 포도주로 바꾸고 납을 금으로 바꾸는
기적 같은 성공의 지름길을 찾고 있다.
지금 당신의 친구가 이런 기적의 연금술을 믿고 있다면
당신은 친구에게 어떤 충고를 해 주겠는가?
당신이 기적처럼 빨리 부자가 되는 길을 찾는 것과 다른 경우일까?

우리는 행복해지기 위해 부자가 되기를 원한다.
하루하루 행복을 연습하면서 살아간다면
어느 날 아침에 잠자리에서 일어나
부자가 되어 있는 자신을 발견하고 놀랄 것이다.
시간은 상대적이고
즐겁고 행복한 시간은 금방 지나간다.

하루하루를 즐겁고 행복하게,
조금씩 부자가 되어 가다 보면
어느 순간 당신이 예상하지 못한 행운이 찾아오고,
어느덧 부자가 되어 있는 자신을 발견하게 된다.
이것이 가장 빨리 부자가 되는 방법이다.

Part 2. 저축은 긍정적 미래에 초점을 두고 해야한다

Day 10

행복한 부자되기

- 머니 트레이닝 4단계 -

Happiness and Wealth
- The Four Steps of Money Training -

돈에 대한 당신의 생각과 말,
소비 습관을 바로잡기 위한
여러 가지 방법의 훈련 단계이다.
단지 책을 읽고 이해하는 것만으로도
변화가 시작될 수 있다.

행복한 부자 되기
- 머니 트레이닝 4단계 -

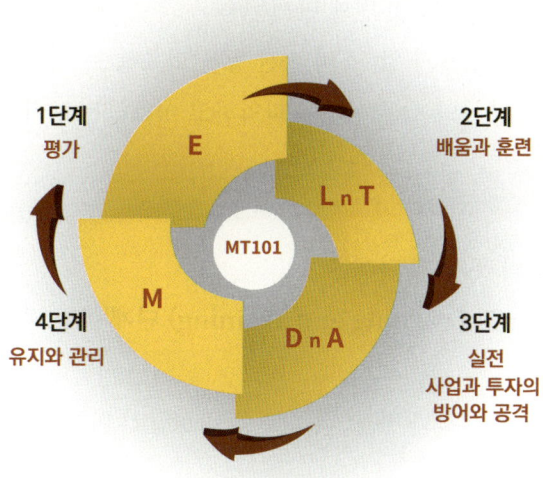

머니트레이너닷컴의 머니 트레이닝은 4단계로 구성되어 있다.

첫 번째 단계는 '**평가(E: Evaluation) 단계**'이다.

돈에 대한 당신의 생각은 주로
부모님이나 주위 사람들에게 들은 내용과
책에서 읽은 내용을 중심으로 형성된다.
돈에 대한 당신의 생각과 마음이 돈에 대한 현실을 만들어 낸다.

눈앞에 보이는 현실을 바꾸기 위해서는
이런 보이지 않는 부분을 바꾸어야 한다.
무엇인가를 바꾸려면 그 대상을 먼저 이해하는 것이 선행되어야 한다.
보이지 않는 생각과 마음을 이해하려면,
먼저 당신의 생각과 말을 구체적으로 기록해서 파악해야 한다.
따라서 머니 트레이닝의 첫 번째 단계는
돈에 관한 당신의 생각과 말, 소비 습관 등을 기록해 보고,
이를 통해 현재 당신의 재무 상태를 파악하고 이해하는 평가의
단계이다.

머니 트레이닝의 두 번째 단계는
'학습과 훈련(LnT: Learning and Training) 단계'이다.

돈에 대한 당신의 생각과 말, 소비 습관을 바로잡기 위한 여러 가지
방법의 훈련 단계이다.
단지 책을 읽고 이해하는 것만으로도 변화가 시작될 수 있다.
하지만 책을 읽고 이해하는 것은 물론,
행동으로 옮기고 습관화까지 된다면,
당신에게 더 많은 변화가 일어날 것이고 당신의 인생도 변화될
것이다.

머니 트레이닝의 세 번째 단계는
'방어와 공격(DnA: Defence and Attack) 단계'로
실제적인 사업과 투자에 관련된 내용들이다.

직장인이라면 언젠가는 퇴직을 하게 될 것이고
인생에서 한 번쯤 장사나 사업, 투자 등을 하는 경우가 생길 것이다.
아무런 준비와 연습없이 투자나 장사, 사업의 세계에 뛰어드는 것은
수영을 배우지 않고 바다에 뛰어드는 것과 같이 결과는 정해져 있다.
다행히 다시 일어설 정도의 실패라면 오히려 많은 것을 배울 수 있을
테지만, 다시 일어서지 못할 정도로 큰 재정적 손실을 입는 경우가
너무 많다.
이런 경우를 피하려면 충분한 연습과 훈련이 필요하다.

머니 트레이닝의 네 번째 단계는
'유지, 관리(M: Maintenance) 단계'이다.

성공하는 것보다 성공을 유지하는 것이 더 힘들다.
돈을 버는 것보다 부를 유지하고 지키는 것이 더 힘들다.
세상에는 좋은 사람들이 많지만 나쁜 사람도 많이 있다.
의도적으로 남을 해하는 사람도 있고,
아무 생각 없이 남에게 해를 입히는 사람도 있다.
사기를 당해서 가정이 무너지기도 하고 엄청난 고통을 받기도 한다.
심지어 사기를 당해서 자살을 선택하는 사람도 있다.

소중한 사람들을 지키기 위해서는
선에 대해서도 잘 알고 있어야 하지만
악에 대해서도 잘 알고 있어야
악에 당하지 않고 선을 지킬 수 있다.

머니트레이너닷컴(www.moneytrainer.com)의 머니 트레이닝은
이렇게 4단계로 구성된다.

머니 트레이닝은
선과 악이 섞여 있는 사회라는 바다에서 투자나 장사, 사업을
시작하기 전에 수영하는 법, 배 만드는 법,
배를 침몰시키지 않고 운영하는 법을 이해하고
충분한 연습과 훈련이 될 수 있는 기회를 제공해 줄 것이다.

Day 11

뇌의 보상회로와 중독

Your Senses and Your Brain:
The Brain Compensation Circuit and Addiction

우리의 삶에 장기적으로 이익을 주지 않는 습관에 빠질 만한 경험,
그 처음의 경험을 하지 않는 것이 중요하다.
평생을 끊기 위해서 결심하고, 실패하고 노력하기를 반복하는 것보다는
그 첫 경험을 하지 않는 것이 중요한 것이다.

뇌의 보상회로와 중독

인간의 뇌가 행복물질을 분비하는 상황은
학습과 훈련을 통해서 바꿀 수 있다.
뇌 보상회로는 반복 행동과 노력으로 긍정적인 방향으로 바뀔 수 있다.
먼저, 우리의 삶에 장기적으로 이익을 주지 않는
습관에 빠질 만한 경험,
그 처음의 경험을 하지 않는 것이 중요하다.
평생을 끊기 위해서 결심하고, 실패하고 노력하기를 반복하는
것보다는 그 첫 경험을 하지 않는 것이 중요한 것이다.

나의 경우는 담배를 평생 한 번도 입에 물어 보지 않았다.

친구들의 권유와 압박이 있었음에도
한 번 하면 절대 끊지 못한다는 것을 알았기 때문에
아직 한 번도 담배를 입에 물어 본 적이 없다.
이기고 지는 게임도 청소년기의 언제부터인가 하지 않았다
느낀 것이 있었기 때문이다.
내가 이겨서 기분이 좋아지고 게임에 진 상대를 놀리는 재미가
있겠지만 게임에서 진 상대의 기분은 좋지 않을 것이다.
이렇게 한 명은 이기고 한 명은 져야 하는 제로섬(zero sum)ⓐ 게임은
가능한 한 피해 왔다.
옹졸한 승부욕으로 이룰 수 있는 일은 작은 일들 뿐이다.

이렇게 중독에 빠질 수 있는 일들을 스스로 피하다 보니
컴퓨터 게임, 당구, 골프, 도박 등은
자연히 멀리하게 되었다.
골프도 안 치고 무슨 낙으로 사냐고 묻는 사람도 물론 있었다.
뇌가 적응하기에 따라서는 독서에서도 많은 즐거움을 얻을 수 있다.
독서를 통해 새로운 사실과 지식을 알아가는 것으로도
뇌 행복 물질ⓐ인 도파민이 분비된다.

사람들과 이기고 지는 게임을 하다 보면
의미없는 승부욕을 발휘하게 된다.
그래서 이기기 위해 많은 시간과 노력을 들이다가 중독이 되기도
한다.
현재 중독성 있는 해로운 습관에 빠져 있다고 할지라도 벗어날 수
있다.

그러기 위해서는 중독이란 뇌의 작용에 대한 이해가 선행되어야 한다.

폭력성 중독

초등학생이나 중, 고등학생처럼
뇌의 전두엽이 발달 중에 있는 청소년들은
친구들 사이에서 폭력적 말이나 행동을 하거나 위험한 행동을 하면
친구들의 지지를 받는 경우가 많다.
그러면 이 폭력적 말이나 행동을 한 학생의 뇌 보상회로는
이 과정을 기억한다.
친구들의 인정과 그릇된 존경을 받음으로써
또래 집단에서 우두머리가 된 것처럼 느끼고
이때, 우리 뇌에서는 세로토닌 같은 뇌 행복 물질이 나온다.
이렇게 폭력적인 말과 행동을 한 아이는 행복감을 맛보게 되고
그런 말과 행동이 반복되고 강화되어, 하나의 습관으로 자리 잡게 된다.
어린 시절 뇌 보상회로가 이런 잘못된 습관과 연결되면
나이가 들어서도 고치기가 쉽지 않다.
이런 점들을 이해하고 잘못된 습관에 빠지지 않도록
처음부터 조심할 필요가 있다.

게임 중독

게임은 눈에 보이는 이익이 없어도
여러 가지 방법으로 뇌의 보상회로를 자극시켜서
행복 물질을 분비하게 한다.
따라서 중독되기 쉬운 어린 학생이나 청소년을 비롯해
어른들까지 쉽게 게임에 중독될 수 있다.

새로운 게임 환경과 무찔러야 할 적을 맞닥뜨렸을 때,
그리고 게임을 진행해 가면서 성취감을 느낄 때
우리 뇌는 도파민이라는 행복 물질을 분비한다.
동료와 같이 게임을 하고 소통하며 소속감과 유대감을 형성할 때
옥시토신이 분비된다.
동료들에게 존경과 인정을 받을 때 세로토닌이 분비된다.
가상의 극한 상황에서 아드레날린과 노드아드레날린이 분비된다.
이렇게 다양한 뇌 행복 물질 때문에 사람들은 게임에 쉽게 중독되는 것이다.

사람은 물질적 보상이 없다 하더라도
뇌 보상회로에서 행복 물질이 분비되면
자신의 장기적 생존에 위험한 행위도 목숨을 걸고 실행한다.
아드레날린과 노드아드레날린과 같은 행복 물질은
원시 시대에는 생존에 필수적인 요인이었지만
대부분의 육체적 위험이 사라진 현대 사회에서는
잘못된 습관과 연결되어 우리에게 위험한 요인이 되기도 한다.

도박 중독
인간의 뇌는 확실한 보상이 예측되는 상황에서는
오히려 쾌락을 적게 느낀다.
반대로 예측하기 어렵고 위험하거나 불확실한 환경에서는
자신이 얻게 될 보상에 대해 보다 많은 쾌락을 느낀다.
더욱이 자신의 선택한 행동에 따라 결과가 달라지는 경우에는
쾌감이 더욱 커진다.

그래서 많은 사람이 도박에 중독된다.
도박은 결과 예측이 어렵고 판돈을 올릴수록 위험성이 커지는데
이런 불확실한 환경에서 이기게 되면 엄청난 쾌락을 느끼게 된다.
뇌는 이와 같은 보상을 더 많이 받기 위해
도박이라는 행동을 지속하고 더욱 강화하려고 한다.
도박을 하면 뇌 속에서 이런 보상 물질이 분비되기 때문에
끊기가 상당히 힘들며,
일단 도박에 중독되면 뇌 자체가 변해서
일상의 삶 속에서 만족감을 얻기가 점점 어려워진다.

타인과의 비교 중독
사회적 동물인 인간의 뇌는 타인과 비교될 때
행복감과 쾌감을 느끼고 동시에 불쾌감을 느끼기도 한다.
타인의 존경을 받을 때,
혹은 존경을 받지 못하더라도 자신이 타인보다 특별하다고 느낄 때,
뇌에서는 세로토닌 등의 행복 물질이 분비된다.
반대로 자신이 남보다 못하다고 느끼면 스트레스 물질인
코티솔 등이 분비된다.
자신보다 잘났다고 생각되는 사람과 같이 있거나,
남들의 성공 이야기를 들을 때
왠지 불편한 느낌이 드는 것은 코티솔 같은 뇌 호르몬의 분비
때문이다.

많은 상업적인 제품과 서비스는 인간의 이러한 경향성을 이용한다.
남들이 누리지 못하는 비싼 물건을 구입하거나

백화점 VIP가 되어 특별 서비스를 받음으로써
자신이 특별하다고 느끼면 뇌에서는 행복 물질이 분비된다.
반대로 주위에 자신보다 조금 부족한 사람이 있으면
비교를 통해 쾌감을 느낀다.
그래서 대부분 사람은 자신보다 부족한 사람들을
주위에 두려는 경향이 있다.
자신보다 부족한 사람을 주위에 두어서 행복감을 느낄지
좀 불편하더라도 자신보다 어떤 분야에서 뛰어난 사람을 많이 두어서
자신에 대한 발전의 기회를 삼을지는 개인의 선택에 달려 있다.

빚 중독
이성적인 뇌, 전전두엽이 발달한 사람은
장기간의 보상과 성공을 기대할 경우
눈앞의 보상을 참고 노력하거나 학습에 매진할 수 있다.
감정적 뇌와 본능의 뇌를 이성적으로 잘 제어하지 못하는 사람들은
언제나 직접적이고 순간적 일에 더 강하게 반응한다.

우리가 지금 내키는 대로 돈을 써서
두고두고 좋지 않은 상황에 휘말리는 것은
감정적인 뇌와 본능적인 뇌에는 그리 중요하지 않다.
단기적으로 고통을 피하고 순간적인 기쁨을 얻고자 할 뿐이기
때문이다.
우리는 종종 눈앞의 쾌락 때문에 크나큰 희생을 치른다.
심지어는 목숨을 걸기도 한다.
사람에게는 미래의 계획을 세우고, 참아 내는 능력이 있다.

그러나 현재의 고통을 피하고, 기쁨을 얻는 일이
미래의 행복과 성공보다 더 강한 힘으로 작용하기 때문에 빚을 지게
된다.
빚은 이렇듯 이성적인 환경에서 생겨나는 것이 아니다.

빚더미에 올라앉게 되었을 때 생기는 장기간의 고통이
순간의 욕구를 포기할 때 생기는 순간적인 고통보다
훨씬 크다는 것은 누구나 알고 있다.
하지만 지난 4,000년 전부터 지금까지 그런 빚은 늘 있었다.
고대 바빌로니아 사람들도 당장의 소비를 위해 빚을 지며 살았다.
담보가 없으면 자기 자신을 담보로 빚을 빌렸는데,
그러다 빚을 갚지 못하면 노예가 되었다.
빚을 지는 사람 중, 열에 아홉은 노예로 살다가 길거리에서 생을
마쳤다.

어떻게 자기 자신을 담보로 빚을 얻어 쓸 수 있는가?
그것은 인간의 감정적 뇌와 본능적 뇌가 당장의 기쁨은 누리고,
당장의 고통을 피하려 하기 때문이다.
노예로 전락함으로써 겪게 되는
미래의 엄청난 고통과 자유의 상실보다
'지금 당장'이 더 큰 비중을 갖는 것이다.
대부분 사람에게는 감정적 뇌와 본능적 뇌의 힘이
이성적 뇌보다 강한 힘을 발휘한다.

보상회로에 따른 대표적인 중독 증상을 몇 가지 살펴보았다.

보상회로가 잘못된 습관과 연결되면 부자 되기는 쉽지 않다.
뇌와 보상회로에 대한 이해를 통해서 조금 도움이 될지 모르지만,
중독에 빠진 경우에는 전문가의 도움을 받아서 벗어나도록 해야 한다.
어떤 중독에 빠져 있든지 중독에서 벗어나는 것은 결코 쉬운 일이
아니다.
그러므로 나중에 중독을 끊기보다
처음부터 중독에 빠지지 않는 일이 훨씬 중요하다.
어른은 물론이고, 청소년기,
특히 어린 시절 이런 뇌 보상회로에 대한 이해와 교육을 통해
자신의 뇌의 보상회로가
잘못된 습관과 연관되지 않도록 하는 것이 가장 중요하다.

Day 12

나의 자산과 부채 파악
Check Your Assets and Liablities

많은 사람이 차일피일 미루다가 병이 악화되어
더 이상 손 쓸 수 없는 지경이 되어 병원을 찾듯이
재정 문제에 관해서도 낙관적인 생각만으로 변화를 미루다가
결국 재정 상태를 개선하기에 너무 늦어 버린다.

나의 자산과 부채 파악

현금 흐름 파악

나의 자산(asset)과 부채(liability)는 어느 정도나 될까?
나의 현금흐름(cash flow)®과 순수익(net profit)은 어느 정도인가?

이런 용어가 생소할 수 있을 것이다.
용어를 이해하고 나의 현재 상황을 파악해 보도록 하자.

자산을 적어 보라고 하면 많은 사람이 자동차, 집 등을 적는다.
그런데 자동차와 집이 정확히 당신의 자산을 의미할까?
자동차의 할부금이 남아 있고, 집에 대출이 있다면
자동차와 집은 정확히 말해 당신의 자산이 아닐 수 있다.

특히 집 같은 부동산의 경우
대출이 있는 상황에서 가치가 떨어진다면,
당신의 재정 상태에 돌이킬 수 없는 치명상을 입힐 수 있다.
부동산은 경제 상황에 따라 매매가가 오르거나 내릴 수 있다.
당신이 가진 집의 가치가
집을 담보로 한 대출금보다 더 떨어진다면
집은 더 이상 자산이 아니라 엄청난 부채 덩어리가 된다.
일단 내가 지금 가지고 있는 자산과 부채는
어느 정도인지 알아보자.

자산과 부채 사례

(1) 자산
예)
- 자동차: 구입비 5천만 원, 할부 잔액 2천만 원, 현재 중고 시세 3천만 원
  따라서 순자산 가치는 1천만 원이다.
- 집: 구입비 3억 원, 대출금 1억 5천만 원, 현재 가치 2억 8천만 원
  따라서 순자산 가치는 1억 3천만 원이다.
  집에 있는 각종 물건들의 가격도 중고 가격으로 적어 보자.

나의 총 순자산 가치 : (   ) 원

(2) 부채
예)
- 자동차 할부금 잔액: 2천만 원

- 주택 대출금 잔액: 1억 5천만 원
- 기타 카드 구입 물품 잔액: 총 5백 5십만 원

나의 총 부채 : (   ) 원

(3) 현금흐름

예)
- 급여: 월 3백 만 원
- 월세 수익: 월 1백 만 원
- 나의 한 달 현금흐름(급여 + 기타 수익) : (   ) 원

(4) 월별 순수익

예)

나의 월 수입 (   ) 원 — 나의 월 지출 (   ) 원

나의 월 순수익 : (   ) 원

자신의 자산과 부채, 현금흐름과 월별 순수익을 파악해 보고
만약 월 순수익이 마이너스가 난다면
굳은 결심으로 고통을 감수하고 변화를 시도해야 한다.
많은 사람이 차일피일 미루다가 병이 악화되어
더 이상 손 쓸 수 없는 지경이 되어 병원을 찾듯이
재정 문제에 관해서도 낙관적인 생각만으로 변화를 미루다가
결국 재정 상태를 개선하기에 너무 늦어 버린다.

지금 당신의 재정 상태를 파악해 보자.
자신의 현재 상태를 정확히 파악해야 이해하고 변화할 수 있다.

Day 13

보수적 시간당 수입의 계산
Hourly Wages: Be Frugal with Your Earnings

시간당 수입을 보수적으로 계산하며 그 가치를 인식하고 있다면,

그리고 소비 시 현금 사용을 습관화한다면

우리가 당연시 여기는 소비를 할 때조차

한 번 더 생각해 보는 소비 습관을 들일 수 있을 것이다.

보수적 시간당 수입의 계산

나의 시간당 수입은 얼마나 될까?

간단하게는
월 수입액을
월간 일하는 시간으로 나누면
자신의 시간당 수입을 알 수 있다.

$$\text{시간당 수입} = \frac{\text{월(연) 수입}}{\text{일한 시간}}$$

좀더 보수적인 방법은,
1) 수입액 : 연간(월간) 수입에서 그 수입을 얻기 위해 지불하는 비용
   (교통비, 식비, 원가 등)을 빼고 수입액을 계산한다.
2) 일한 시간 : 수입을 위해 일한 기본 시간에 추가로 들인 시간
   (출퇴근, 점심시간, 휴일근무 등)을 더하여 일한 시간을 계산한다.
3) 보수적 시간당 수입 : (1)수입액을 (2)일한 시간으로 나눈다.

그러면 보수적인 시간당 수입이 나온다.
당연히 첫 번째 방법보다 시간당 수입이 많이 줄어든다.

왜 이렇게 보수적으로 시간당 수입을 계산해 봐야 할까?
첫째, 이 방법이 더 객관적이다.
둘째, 시간당 수입이 줄어들기 때문에
당신이 돈을 쓰는 데 있어서 한 번 더 생각할 기회를 준다.

<시간당 수입의 계산 사례>
   일주일(월~금요일까지) 주 5일, 매일 8시간을 일하고
   200만 원의 월급을 받는 사람이 있다고 가정해 보자.

우선, 보통의 계산 방법으로는,

$$\text{시간당 수입} = \frac{\text{월 200만 원}}{8\text{시간 / 일} \times 20\text{일} = \text{월 160시간}} = 12{,}500\text{원 (시간당)}$$

시급 12,500원이 계산된다.

보수적인 계산 방법으로는

먼저, 일하는 시간 이외에 일하는 데 필요로 되어지는 추가 시간을 계산해보자.

1) 점심시간 1시간 + 출·퇴근 시간 각 1시간
   = 3시간 × 20일 = 60시간
2) 회식이 월 2회, 3시간 × 2회 = 6시간
3) 출근 준비 1시간 + 퇴근 후, 휴식 시간 1시간
   = 2시간 × 20일 = 40시간

매월 일하는 시간 이외에 추가로 들어가는 시간은 대략 106시간이다.

1개월 급여를 받기 위해 지불한 기타 비용도 계산해 보자.

1) 출퇴근 교통비, 일일 6,000원 × 월 20일 = 120,000원
2) 점심값, 일일 8,000원 × 월 20일 = 162,000원
3) 하루 커피 한잔, 6,000원 × 20일 = 120,000원
4) 직장 생활을 위한 옷, 화장품, 가방 등을 구입하는 비용으로
   월 300,000원,
   이렇게만 계산해도 매월 지불하는 비용은 702,000원이나 된다.

이제 보수적인 시간당 수입을 계산해 보자.

1) 월간 일하는 시간과 추가시간을 합하면,
   160시간 + 106시간 = 월 266시간
2) 월급여 2,000,000원에서 지출 비용,
   월 702,000원을 빼면 1,298,000원으로

$$\text{시간당 수입} = \frac{2{,}000{,}000원 - 702{,}000원 = 1{,}298{,}000원}{60시간 + 106시간 = 266시간} = 4{,}880원 \text{ (시간당)}$$

시급은 4,880원으로 계산 된다.

시간당 수입을 좀 더 보수적으로 계산해 보고 싶은 사람은
통신비, 공과금, 주거비 등도 넣어서 좀 더 보수적으로 계산해 보자.

지금은 이런 계산에 마음이 편하지 않다고 하더라도
부자가 되기 위해서는 이런 숫자를 편하게 대면할 수 있어야 한다.
작은 숫자에는 신경을 쓰고 싶지 않고
큰 숫자, 즉 큰 돈에만 관심 갖고 싶겠지만
작은 숫자와 작은 돈을 소중히 다루는 습관이
큰 숫자와 큰돈을 처리하는 경향성으로 이어진다.

작은 숫자에 신경을 쓰면 왠지 품위가 떨어지고
자신의 그릇이 작아 보여 귀찮다고 느낄 수 있지만,
반복되는 작은 숫자나 작은 돈에서부터
큰 숫자와 큰돈을 다루는 방법을 익혀 나가야 한다.

5만 원짜리 옷 한 벌을 추가로 구매한다고 생각해 보자.
시간당 1만 2천 5백 원을 번다고 생각하면
4시간만 일해도 된다고 생각할 것이다.
하지만 보수적으로 자신의 시간당 수입을 계산하는 사람은
지금 당장 필요하지 않은 5만 원짜리 옷을 구입하기 위해

10시간의 노동을 더 해야 한다고 생각할 것이다.
그러면 돈을 지출하기 전에 한 번 더 생각하게 된다.
하루가 넘는 노동 시간을 지금 필요하지 않은 옷을 사는 데 낭비할지,
그 시간과 금액을 절약해서 지금은 절제하고,
소비보다는 자신의 발전을 위해서 투자할지를 결정하는 데 큰 도움이 될 것이다.

카드를 없애고 현금을 써야 하는 이유
인간의 뇌는 부정적 경향성을 가지도록 진화되었다.
수렵 시대에 부정적 경향성을 가진 인류의 조상과 긍정적 경향성을 가진 인류의 조상 중 누가 살아남았을까?
풀덤불이 흔들릴 때 부정적인 경향성을 가진 조상은
덤불 뒤에 검치 호랑이®가 있을지 모른다고 부정적 반응을 하고
즉시 도망갔을 것이다.
그러나 긍정적 경향성을 가진 조상은 '바람이 불어서 흔들렸을
거야.'하고 계속 그 자리에 있었을 가능성이 크다.
처음 보는 열매를 보았을 때에도 부정적 경향성의 조상은
독이 들었을지도 모른다고 생각했을 것이지만,
긍정적이고 도전적인 조상은
처음 보는 열매를 시범 삼아 먹어 보았을 것이다.
어느 쪽이 생존 가능성이 더 높을까?

부정적 경향성을 가지고 판단했을 때
실패할 경우 잃게 되는 기회 비용은 겁에 질려 한 번 더 도망가야
한다든지,

처음 보는 열매를 먹지 않아서 한 끼를 굶어야 하는 것이었다.
반대로 긍정적 경향성을 가졌다면 치러야 할 대가가 훨씬 컸을 것이다.
긍정적이지만 잘못된 판단 한 번으로 목숨을 잃을 수도 있었다.

우리는 부정적 경향성을 가졌던 조상의 후손일 가능성이 크다.
잠을 자기 전에 그날 있었던 좋았던 일 열 가지와
좋지 않았던 일 한 가지를 두고서 어떤 일이 더 기억에 남는지
자신의 경험을 관찰해 본다면 쉽게 알 수 있다.

우리 뇌는 부정적 경향성이 강하고,
이익보다는 손실에 강하게 반응한다.
많은 사람이 100만 원의 이익을 얻기보다
10만 원의 손실을 보지 않으려고 하는 경향성을 가지고 있다.
그래서 무엇인가 지급할 때 현금을 지급하게 되면
자신의 지갑에서 현금이 나가는 손실을 경험하게 된다.
우리의 뇌는 무엇인가 물건을 구매하기 위해서 현금을 지급하는
상황을 손실로 인식하고
이런 손실의 나쁜 경험을 줄이거나 피하려고 한다.
그러나 신용카드나 직불카드를 쓴다면
뇌는 아무런 손실을 경험할 수 없기에 소비나 지출이 한결 쉬워진다.
현재 수중에 돈이 없더라도
뇌는 아무런 고통 없이 신용으로 더 많은 소비나 지출을 할 수 있다.
손실 경험은 없고, 소비에 의한 즐거운 경험과 소비에 의해 생기는
물품만 있을 뿐이다.

시간당 수입을 보수적으로 계산하며 그 가치를 인식하고 있다면,
그리고 소비 시 현금 사용을 습관화한다면
우리가 당연시 여기는 소비를 할 때에도
한 번 더 생각해 보는 소비 습관을 들일 수 있을 것이다.

부자가 되는 길에 있어서 버는 것보다
쓰는 것이 더 중요하다는 것은
많은 복금 당첨자나 고소득자들이 파산하는 사례를 본다면
쉽게 이해할 수 있다.

Day 14

돈에 대한 나의 청사진
Find Your Money Blueprint

돈에 대한 청사진은 곧 돈에 대한 생각과 태도이다.
돈에 대한 청사진이 잘못되어 있으면
일이 잘 풀려 돈이 들어오다가도 마지막 순간에
무언가가 잘못되어 결국 실패할 가능성이 높다.

돈에 대한 나의 청사진

누구나 자신을 객관적으로 파악하기가 쉽지 않다.
자신이 돈에 대해 가지고 있는 생각을 스스로 파악하기도 쉽지 않다.
그러므로 돈에 대한 자신의 청사진을 파악하기 전에
먼저 부모님이 돈에 대해 가지고 계셨던 돈에 대한 청사진을 먼저
파악해 보도록 하자.
부모로부터 들었던 돈에 대한 이야기와 충고,
돈에 대한 경험들을 떠올려 보자.

오늘날 전문적인 경제 교육을 받지 못했다면
우리는 아마도 부모님이 가지셨던 돈에 대한 청사진을 그대로
물려받았을 것이다.

반항적 기질이 강한 자식은 부모님과 반대되는
돈의 청사진을 가지는 경우도 많다.
나의 경우는 가난한 집 둘째로 태어났고, 소심한 반항아로 자랐다.
모든 것을 절약하시는 어머니를 보며 돈에 대해서는
어머니와 반대되는 청사진을 가지게 되었다.
종이 한 장도 그냥 버리지 않고,
뒷면을 메모지로 쓰기 위해서 잘라 놓으시는 등
모든 면에서 절약하시는 어머니를 보며, 난 뭔가 잘못되었다고
직감했다.
안정을 추구하는 형(兄)과는 반대로 리스크를 두려워하지 않는
도전적인 반항아가 되었다.
돈에 대한 미련과 집착이 적었고,
'원래 빈손이었기에 잃을 게 없다'는 생각으로 돈에 대한 두려움이
없어졌다.

하지만 부자가 되어 가는 단계마다
도전적인 청사진이 언제나 계속 도움이 되는 것은 아니다.
사업이 어느 정도 성공 단계에 올랐는데도,
방어를 염두에 두지 않고 공격만 계속한다면,
부지불식(不知不識)의 일격에 모든 것이 물거품이 될 수 있다.
그러므로 부자가 되어 가는 성공 단계에 따라
돈에 대한 청사진의 수정이 필요하다.

또한 후천적 학습을 통해 돈과 부에 대한 지식과 지혜를 갖추어야
한다.

돈과 부에 대해 어린 시절부터 각인된 사고방식이 어른이 된 후에도
돈에 대한 청사진으로 그대로 남아 있는 경우가 많다.
몇 가지 예를 들어 보자.

어릴 적 부모님이 돈 문제로 자주 다투는 모습을 보고 자란 아이는
어른이 되어서도 돈과 좋은 관계를 가질 수 없다.
돈 이야기는 어린 시절 부모님의 싸움과 연결되고,
돈은 싸움, 두려움, 스트레스 등 부정적인 개념으로
아이의 머리에 각인되어 있기 때문이다.

또 다른 예를 살펴보자.
장사하시는 부모님 밑에서 행복하게 살다가,
장사가 너무 잘되어 부자가 되지만
아버지가 가정을 등한시하며 더 큰 사업을 한다고 시간과 돈을 모두
투자한 경우를 생각해 보자.
돈이 있으니 아버지 주위에 나쁜 사람들이 모이고,
도박 같은 하지 말아야 할 것들을 하게 되고,
결국 가정이 무너진 경험을 가진 아이는
어른이 되어서도 부자가 되는 것을 두려워하고,
돈 모으는 것 자체를 부정적으로 생각하게 될 가능성이 매우 높다.

대부분 사람은 어른이 된 지금도
어린 시절 경험한 돈에 대한 부모님의 태도와 돈에 관련된 이야기를
그대로 간직하고 있을 가능성이 크다.
부모님이나 주위 사람에게 들었던 돈에 대한 이야기를 기록해 보자.

과거에 직접 또는 간접적으로 겪은 돈에 대한 경험을 적어 보고
어린 시절 가졌던 돈에 대한 청사진을 찾아보자.
돈에 대한 당신의 청사진은 정확히 어떤지 스스로 파악해 보자.

어린 시절 부모님에게 들었던 돈에 대한 이야기

―――――――――――――――――――――――――
―――――――――――――――――――――――――
―――――――――――――――――――――――――

어린 시절 경험했던 돈에 대한 직접적 또는 간접적 경험

―――――――――――――――――――――――――
―――――――――――――――――――――――――
―――――――――――――――――――――――――

내가 지금 가지고 있는 돈에 대한 생각들

―――――――――――――――――――――――――
―――――――――――――――――――――――――
―――――――――――――――――――――――――
―――――――――――――――――――――――――

돈에 대한 청사진이 서로 다른 사람이 만나서
부부 관계를 이루거나 사업을 같이 한다면 문제가 생길 가능성이 크다.
돈을 대하는 태도와 생각이 서로 다르기 때문이다.
돈에 대한 문제라면
사람들은 대부분 돈이 부족해서 생기는 문제를 떠올리지만,
돈에 대한 생각과 태도가 서로 다르기 때문에 문제가 발생하기도 한다.
부부 사이에 돈에 대한 청사진이 너무 다르거나
동업자 사이에 너무 다르면 계속해서 다툼이 생긴다.

돈에 대한 청사진은 곧 돈에 대한 생각과 태도이다.
돈에 대한 청사진이 잘못되어 있으면
일이 잘 풀려 돈이 들어오다가도 마지막 순간에
무언가가 잘못되어 결국 실패할 가능성이 높다.
청사진이란 설계도를 말한다.
잘못된 설계도를 가지고 있으면 좋은 결과가 생길 수 없다.

지금 나에게 돈과 관련해서 계속하여 문제가 발생하고 있다면
먼저 돈에 대한 나의 청사진,
즉 돈에 대한 설계도를 먼저 살펴보아야 한다.
혹시 나는 돈에 대해 잘못된 설계도를 가지고 있지는 않은가?

Day 15

내가 원하는 것과
나의 뇌가 원하는 것
Distinguish Between
What You Want and What Your Brain Wants

'내가 의식적으로 원하는 것'과 '나의 본능적인 뇌가 바라는 것'
'내가 기분 나쁜 것'과 '나의 감정적인 뇌가 기분 나쁜 것'.
이렇게 '나'와 '나의 뇌의 욕망과 감정'을 분리할 수 있다면

내가 원하는 것과
나의 뇌가 원하는 것

우리의 뇌와 뇌에서 분비되는 호르몬에 대해서
좀 더 구체적으로 이해한다면
욕망과 충동에 따른 결정으로 나타나는 실수를 줄일 수 있다.

우리 뇌는 이성적 뇌, 감정적 뇌와 본능적 뇌로 구성되어 있다.
'내가 의식적으로 원하는 것'과
'나의 본능적인 뇌가 바라는 것'
'내가 기분 나쁜 것'과
'나의 감정적인 뇌가 기분 나쁜 것'.
이렇게 '나'와 '나의 뇌의 욕망과 감정'을 분리할 수 있다면
일시적인 욕망과 감정에 자기 자신이 좌우되는 것을 줄이고,

장기적으로 우리의 행복과 안녕에 도움이 되는
선택과 판단을 할 수 있다.
나의 본능적인 뇌와 감정적인 뇌에서 발생하는 생각을
나의 생각이라고 동일시하지 않고,
자기 자신으로부터 분리해서 관찰하고,
객관적으로 구분할 수 있어야 한다.
뇌에서 분비되는 호르몬의 영향을 받는다고 할지라도
우리의 판단이 호르몬의 영향을 받는다는 사실을 인식할 수 있다면,
우리의 삶은 달라질 것이다.

우리가 어떠한 '일을 좋아하고 습관적으로 한다'는 것은
실은 우리의 뇌가 그 행동을 좋아하고
우리가 그 행동을 통해 뇌가 분비하는 행복 물질®에 중독이 되어
있다는 말이다.

예를 들어, 쇼핑을 너무 좋아하는
사람이 있다고 가정해 보자.
이 사람은 쇼핑을 좋아하는 정도를 넘어서 중독 수준이라
이미 쇼핑한 물건의 포장도 풀지 않은 채, 또 쇼핑을 한다.
이렇게 새로운 물건을 볼 때 흥분해서 사고 싶은 마음이 드는 이유는
뇌에서 도파민이라는 물질이 분비되기 때문이다.

도파민은 새로운 자극 상황에서 분비되는 대표적인 뇌 행복 물질이다.
우리는 해외여행을 갈 때면 굉장한 행복감을 느낀다.
많은 것들이 새롭기 때문에 도파민이 많이 분비된다.

우리는 대부분 '어린 시절이 행복했다'고 기억한다.
어린 시절에는 뇌 행복 물질이 많이 분비되기 때문이다.
어린 아이들에게는 모든 것이 새롭기 때문에 도파민이 많이 분비된다.
어린 아이들은 하루에 보통 300~400번을 웃는데,
이때 엔도르핀이라는 행복 물질이 분비된다.
또한 아이들이 부모에게 애착을 느낄 때,
옥시토신과 같은 뇌 행복 물질이 분비된다.
이 외에도 부모에게 인정받거나, 친구, 선생님 등에게
칭찬을 들을 때엔 세라토닌과 같은 행복 물질이 분비된다.

동물도 마찬가지이다.
어린 애완동물을 보면 나이 많은 애완동물보다
훨씬 더 행복감을 느낀다는 것을 알 수 있다.
나이 많은 애완동물이나 동물원에 갇혀 있는 동물을 보면 덜 행복해 보인다.
새로운 자극이 없어서 뇌 행복 물질이 덜 분비되기 때문이다.

다시 쇼핑 이야기로 돌아와 보자.
새로운 물건을 쇼핑할 때에는 도파민이라는 뇌 행복 물질이 나오지만,
물건을 사고 나면 도파민이 더 이상 나오지 않는다.
그래서 또 새로운 물건을 찾아 구매하는 행동을 반복하게 된다.
만약 다른 방법으로 도파민이 생성되도록 유도할 수 있고,
다른 방법으로 뇌 행복 물질의 분비를 습관화할 수 있다면
쇼핑 중독에서 벗어날 수 있을 것이다.

쇼핑으로 분비되는 행복 물질에 중독된 뇌 보상회로를 가진 사람이
부자가 되기는 쉽지 않다.
쇼핑보다 돈이 적게 드는 방법이나 행복을 느낄 수 있는 다른 대안을
찾아야 한다.

뇌와 뇌 호르몬의 작용을 조금만 이해한다면
나 자신의 행동이나 습관을 조금 더 잘 알게 되고
그만큼 잘못된 행동이나 습관을 고치기가 쉬워진다.
우리 자신에게 매일 일어나는 생각이
나의 본능적 뇌에서 발생한 것인지, 감정적 뇌에서 발생한 것인지
객관적으로 관찰해 보자.
내가 원하는 것인지? 나의 뇌가 욕망하는 것인지?
구분해 보자.
이렇게 할 수 있다면, 우리의 삶이 달라질 것이다.

나는 언제 행복한가?

_____

_____

내가 자주하는 습관은? (끊고 싶으면 끊을 수 있는 습관)

_____

_____

내가 중독되어 있는 습관은? (끊고 싶지만 끊을 수 없는 습관)

예) 담배, 도박, 게임 등

_____

_____

_____

나의 본능의 뇌, 나의 감정의 뇌가 자주 원하는 것

_____

_____

_____

진짜 내가 원하는 것

_____

_____

_____

Day 16

내가 가지고 있는 돈에 대한 가장 뛰어난 능력은?

What is Your Most Developed Financial Skill?

사람들은 한 번에 많은 돈을 벌면
돈에 대한 모든 문제가 사라질 것이라 생각한다.
그래서 돈 모으는 능력과 돈을 유지, 관리하는 영역에 대해서는
등한시 하는 경우가 많다.

내가 가지고 있는 돈에 대한 가장 뛰어난 능력은?
- 돈에 대한 다섯 가지 능력 -

돈에 대한 능력에는 다섯 가지가 있다.
사람들은 대부분 돈 버는 능력에 집중하지만
돈에 대한 나머지 네 가지 능력도 돈 버는 능력만큼이나 중요하다.

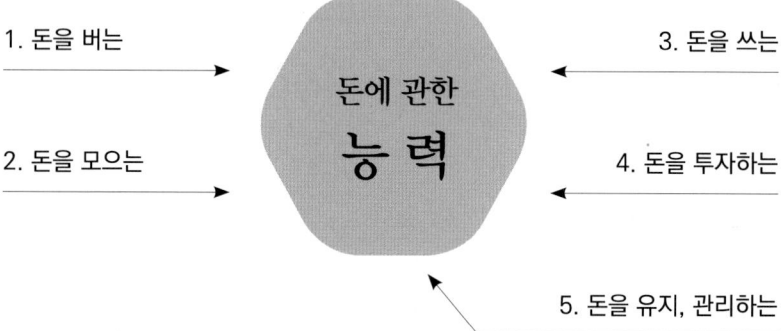

"당신은 돈에 대한 어떤 능력이 가장 뛰어난가?"

당연히 '3. 돈을 쓰는 능력'이라 대답할 것이다.
대부분의 사람이 그렇게 대답한다.

어떤 사람은 사업을 해서 돈을 아주 잘 번다.
돈 버는 능력이 뛰어난 사람이다.
하지만 그렇게 사업으로 돈을 잘 벌다가 모든 것을 날려 버린 사람을
주위에서 쉽게 볼 수 있다.
왜 이들은 사업을 해서 번 돈을 모두 날리고 결국 가난하게 되었을까?
여러 이유가 있겠지만, 몇 가지만 정리해 보자.

첫째, 사업 성공이 자신의 노력만으로 되지 않는데 자신의 노력만으로
성공했다는 착각에 빠진다.
시기와 장소가 맞아야 하고, 다른 사람들이 도와줘야 하고,
운도 많이 따라야 한다.
많은 변수가 잘 맞아떨어져야 사업에 성공할 수 있다.
하지만 사업가들 중에는 사업에 성공하면 리스크를 관리하지 않고
사업을 계속 확장하는 데만 집중하다가,
또는 욕심을 내어 다른 사업 분야로 진출하려다가
본업마저 무너지고 마는 경우가 많다.
자신의 능력과 노력 이외에도 사업 성공에 필요한 부분을
너무 과소평가해서는 안 된다.

둘째, 돈을 유지, 관리하는 능력이 부족하고,
투자해 본 경험도 부족하기 때문이다.
일부 사업가나 스포츠 스타, 연예인, 복권 당첨자처럼 단기간에
큰돈을 벌었지만 이를 제대로 유지하지 못하는 경우가 많다.
돈에 대한 다섯 가지 능력 중, 돈 버는 능력을 제외한
나머지 네 가지 능력에 대한 개념과 이해가 부족하기 때문이다.
돈 버는 능력과 돈 모으는 능력, 돈을 유지하고 관리하는 능력은
완전히 다른 영역이고 다시 배워야 하는 영역이다.

사업으로 돈을 잘 번다고 할지라도 투자를 잘못해 날리는 경우도
많다.
이렇듯 돈을 잘 버는 능력을 가졌다 할지라도
다른 부분에서는 더 배우고 훈련을 해야 한다.
나의 경우도 40대 중반이 되어서야
돈 버는 능력과 돈 모으는 능력, 돈을 유지, 관리하는 능력의
차이점과 중요성을 알게 되었다.

많은 사람이 한 번에 많은 돈을 벌고 나면
돈에 대한 모든 문제가 사라질 것이라 생각한다.
그래서 돈 모으는 능력과 돈을 유지, 관리하는 영역에 대해서는
등한시하는 경우가 많다.
그러나 부자는 돈을 많이 버는 사람이 아니다.
돈 버는 능력뿐만 아니라 돈에 대한 나머지 네 가지 능력도 뛰어난
사람이다.
수입이 많은 만큼 지출도 똑같이 많아진다면 부자가 될 수 없다.

돈을 많이 버는 사람은 부자가 될 가능성이 큰 사람일 뿐 부자는
아니다.
돈 모으는 능력과 돈을 유지, 관리하는 능력을 기르기 위한
구체적 방법들은 이 책의 뒷부분에 더 다루고 있다.

돈에 대한 다섯 가지 능력을 배우고 익혀야 한다.
돈이 많이 들어온다고 평생 부자로 살며 돈 문제를
모두 해결할 수 있는 것은 아니다.
돈이 많이 들어와서 골치 아픈 돈 문제가 한순간에 영원히 해결되기를
바라지만 그런 일은 일어나지 않는다.
복권에 당첨되었다가 더욱 고통 받고 나락으로 떨어지는 수많은
사람의 사례를 보면 쉽게 이해할 수 있다.

저축해서 돈을 모으는 능력, 돈을 버는 능력, 그리고 그 돈을 유지하는
능력은 완전히 다른 능력이다.
저축해서 돈을 모으는 능력에 대해서는 이 책의 뒷부분에 다루고
있다.
여기서는 보통 책에서는 잘 다루지 않는
모은 돈을 보유하는 능력에 대해 이야기해 보자.

돈을 가지고 있는 능력과 유지, 관리하는 능력
돈을 모아 조금의 목돈이 생기면 불안한 마음이 든다.
돈을 가만히 가지고 있으면
투자 기회를 날리고 있다는 생각이 든다.
돈을 은행에 가만히 두면 인플레이션으로 돈의 가치가 떨어지고,

이자도 얼마 되지 않으니
빨리 돈을 다른 곳에 투자해야만 할 것 같은 강박감이 생긴다.
여기서 강조하고 싶은 것은 돈에 대한 우리의 심리적인 태도이다.

사람들은 대부분 자신의 수중에 돈을 보유하고 있으면 불안함을 느낀다.
사업에 성공했거나 엄청난 돈을 벌어들인 사람도
수중에 돈을 보유하고 있으면 불안감을 느끼는 사람이 많다.
그래서 준비가 덜 된 사업에 그 동안 벌어들인 돈을 다시 투자해서
돈을 날리거나, 부동산이나 주식 투자를 통해 손실을 입거나,
남에게 돈을 빌려주거나, 사기를 당해 돈을 잃는다.
자신이 원했든 원하지 않았든 돈을 가지고 있는 불편한 상황에서
돈이 없는 원래 상태로 돌아가게 되는 것이다.

사람들은 대부분 돈이 없는 상태에서 안정감을 느낀다.
돈이 없으면 누군가 돈을 빌려 달라고 귀찮게 하지도 않고,
빌려 주지 않으려고 고민할 필요도 없고, 싸울 필요도 없고,
돈을 도둑맞을 걱정을 할 필요도 없고,
돈을 투자하기 위해서 투자 기회와 리스트를 분석할 필요도 없다.
돈이 없는 상태가 원래의 상태이고 편안한 상태이다.
이렇듯 사람들 대부분은 돈이 없는 상태에서 편안함을 느끼고,
돈이 없는 상태가 안정된 돈에 대한 초깃값이 된다.

그래서 돈을 벌고 모으고 또다시 투자를 하기 전에
돈을 가지고 있는 것이 행복하고 편안하고 안정되게 느껴지도록

얼마 정도의 돈을 항상 보유하는 연습이 필요하다.
원래의 상태, 즉 돈에 대한 초깃값이
항상 돈을 가지고 있는 상태가 되도록 해야 한다.

내가 돈에 대한 편안함을 느끼는 돈의 양은 얼마인가?
지갑에 현금이 얼마 있으면 불안한가?

지갑 속 돈의 초깃값 :

___

집에 얼마 이상의 현금이 있으면 불안한가?

집에 있는 돈의 초깃값:

___

은행에 얼마의 현금이 있으면 투자해야 한다는 생각이 드는가?

은행에 맡긴 돈의 초깃값

어느 정도 금액이 넘어가면 불안함을 느낄 것이다.
불안한 감정을 살펴보고 편안한 감정으로 전환해 보자.
너무 많은 현금을 지갑이나 집에 두어서 위험을 자초할 필요는
없지만, 막연하게 돈을 가지고 있는 것을 두려워 하는 것도
바람직하지 않다.
돈을 가지고 있는 데 대한 불안함을 살펴보자.
그 불안한 감정을 버리고 편하게 돈을 가지고 있고,
돈을 가지고 있음으로써 생기는 안정감과 부유함 등의
긍정적 감정을 체험해 보자.

세계적 투자가 워런 버핏의 경우도,
그가 가진 돈을 전부 투자하지 않고 항상 많은 현금을 보유하고 있다.
워런 버핏의 현금 보유액을 살펴보고서
다른 투자자들이 경기의 좋고 나쁨을 평가하기도 한다.
워렌 버핏의 현금 보유액이 많아지면, 다른 투자자들이 경기가 점점
나빠지고 있다고 판단하기도 한다.

돈에 대해 편안함을 느끼고 심리적으로 안정되고 나서
투자를 해도 늦지 않다.
투자의 기회는 늘 온다.
전문적 투자가의 경우, 늘 현금을 보유하고 있다.
자신이 예측하지 못하는 기회가 늘 찾아오기 때문이다.
늘 돈을 가지고 있어라.
그리고 거금과 친숙해져라.
거금을 손에 쥐고 싶다면 거금을 다루는 일을 두려워해서는 안 된다.

두려워하는 것을 가까이 둘 수 없다.

두려워하는 것, 편하지 않은 것은 무의식적으로 밀어내기 때문이다.

나의 돈에 5가지 능력에 대한 점수는? (10~100)

1) 돈을 버는 능력

0　　　　　　　　　　　50　　　　　　　　　　　100

2) 돈을 모으는 능력

0　　　　　　　　　　　50　　　　　　　　　　　100

3) 돈을 쓰는 능력

0　　　　　　　　　　　50　　　　　　　　　　　100

4) 돈을 투자하는 능력

0　　　　　　　　　　　50　　　　　　　　　　　100

5) 돈을 가지고 있는 능력과 유지, 관리하는 능력

0　　　　　　　　　　　50　　　　　　　　　　　100

Day 17

돈에 대한 기본 원칙과 지출 방법

Basic Principles and Skills of Spending Money

사람들은 정체성, 사랑, 행복, 타인으로부터의 인정을 추구하며 살아간다.
이런 모든 필요를 물질적으로만 만족시킬 필요는 없다.
돈을 지출할 때 이성적이고 논리적으로 돈을 지출하기보다,
기분에 따라 감정적으로 돈을 지출하는 경우가 많다.
당신이 벌어들이는 돈이 아니라,
지출에 대한 당신의 경향성이 당신의 부를 좌우한다.

돈에 대한 기본 원칙과 지출 방법

돈에 대한 가장 기본적인 원칙이 있다
누구나 다 알고 있는 원칙이다.
그러나 아는 것과 실천하는 것은 별개의 이야기다.
당신도 잘 알고 있는 돈에 대한 기본 원칙들을 살펴보자.

돈에 대한 기본 원칙
첫째, 지출이 수입보다 적어야 한다.
둘째, 저축부터 하고 지출을 해야 한다.
셋째, 들어오는 돈과 나가는 돈을 알아야 한다.
넷째, 돈을 잃지 말아야 한다.

이 단순한 원칙을 누군가는 쉽게 지킬 수 있겠지만
다른 누군가는 정말로 지키기 어려운 것일 수도 있다.
알고 있는데 실천하지 못한다면 어떻게 해야 할까?

매일 글로 똑같은 내용을 여러 번 써서 자신에게 더 각인시키자.
10번 혹은 50번, 똑같은 내용을 반복해서 쓰면
알고있는 지식을 실천할 수 있도록 스스로에게 각인시킬 수 있다.
크게 소리 내어 반복해서 읽는 것도 도움이 된다.

> **자전거 타는 법을 한 번 터득하면 잊어버리지 않듯이,
> 돈 관리법도 한 번만 확실히 터득하면
> 다시 잊어버리지 않을 것이다.**

사업으로 성공했거나 유명인이 되어 돈을 많이 벌었거나
혹은 투자를 잘해서 많은 돈을 벌었지만
결국, 다시 가난하게 된 사람들을 우리 주변에서 쉽게 발견할 수 있다.
돈에 대한 기본 원칙을 지키지 못하고 돈 관리법을 배우지 못했기
때문이다.
자전거 타는 법을 한 번 터득하면 잊어버리지 않듯이,
돈 관리법도 한 번만 확실히 터득하면 다시 잊어버리지 않을 것이다.

돈에 대한 기본 원칙을 잘 살펴보면 알겠지만,
돈 관리라는 말 차체가 돈의 유지와 지출과 관련 있는 것이다.

"부자가 되는 것은 당신이 번 돈 때문이 아니라, 당신이 유지하는 돈 때문이다."
돈을 유지하기 위해서는 지출을 관리하는 것이 가장 중요하다.
돈의 지출 관리에 대해 살펴보자.

미루기 지출

마음이 내키지 않을 때와 마음이 내키지 않는 곳에는 돈을 쓰지 말라.
아무리 예전부터 갖고 싶었던 것이어도,
혹은 아무리 남들이 권유하는 것이어도
그 돈을 쓸 때 마음이 개운치 않다면, 잠시 보류하도록 하자.
금전운은 어떤 마음으로 돈을 다루느냐에 따라 크게 좌우된다.

돈을 쓰는 데 마음이 내키지 않는다는 것은
그 후 금전 사정에 어떤 변화가 일어날 것을,
우리의 뇌가 의식적으로는 설명을 하지 못해도
무의식적으로는 무엇인가를 예감했다는 의미일 수 있다.
그 예감이 돈을 쓰는 것을 말리고 있다는 것이다.
그 시기만 지나면 아무 거리낌 없이 돈을 지출하거나 기분좋게 쓸 수 있으니 돈을 지출하는 것을 잠시만 보류하자.

돈과 돈독한 관계를 유지하기 위해서는
일종의 거부감이나 불안한 마음이 들 때, 또는 망설여질 때는
우선 지갑을 단단히 닫아 두는 것이 좋다.
이런 신중한 판단은 당신의 금전 사정을 안정시켜 줄 것이다.

일부 지출

예를 들어, 일가친척이나 친한 친구가 돈을 빌려 달라고 할 때가 있다.
어떻게 할 것인가?
삶을 살아가다 보면, 관계적 가치의 중요성 때문에
무조건 'NO'라고 말할 수 없는 경우가 있다.
이런 경우 'Yes'와 'No' 사이에 일부 금액을 빌려주는 방법이 있다.
관계적 가치를 완전히 훼손하지 않는 선에서,
자신이 빌려준 돈을 못 받는다고 할지라도
자신의 재정적 상황에 이상이 없는 정도의 돈만 빌려주도록 하자.

이렇게 돈을 지출할 때,
전체가 아니라 일부만 지출할 수 있는지 생각해 보아야 한다.
돈을 일부만 지출하고,
나머지 부분은 다른 서비스나 다른 물품으로 대처할 수 있는지
생각해 보아야 한다.
지불해야 하는 금액을 반드시 전액을 지불할 필요가 없는 경우도 많이 있다.
돈을 지출할 때에는 늘 일부 지출을 마음에 두고 있도록 하자.

대안 지출

돈을 지출해야 하는 상황에서
돈을 지출하는 대신 다른 대안이나 방법이 없는지 생각해 보자.

예를 들어서 '고급차가 필요하다'는 생각은
'존경이 필요하다'는 욕구일 수 있다.

그렇다면 고급차 대신 이 욕구를 충족시킬 다른 방법을 찾을 수 있다.
옷장 가득 입지 않는 옷과 사용하지 않는 가방이 있는데도
계속해서 쇼핑을 하고 싶다면
자신이 추구하는 흥분, 다양성, 아름다움, 관심을
다른 것에서 얻을 수 없는지 생각해 봐야 한다.

장사를 할 때, 이 마케팅을 꼭 해야 하는지?
사업을 할 때, 사업장을 꼭 확장해야 하는지?
다른 방법은 없는지?
잘 찾아보면 돈을 지출하는 방법이 아닌
여러 가지 대안이 있을 수 있다.

사람들은 정체성, 사랑, 행복, 타인으로부터의 인정 등을 추구하며
살아간다.
이런 모든 필요를 물질적으로만 만족시킬 필요는 없다.
물질적으로만 만족시키려 들면 공허함만 남을 뿐이다.
따라서 당신의 뇌가 욕망하는 것을 충족시키는 데 있어서는
당신의 뇌가 진정 무엇을 바라는지 잘 파악하고
물질적 지출이 아닌 다른 방법으로
그 욕구를 충족시킬 수 있는지 찾아보고 노력해 보자.

작은 돈 지출
보통 큰 돈을 쓸 때,
예를 들어서 자동차를 구매하거나 휴가비를 계획할 때는
어떻게 해야 규모 있게 쓸 수 있을지,

그리고 그 정도를 쓰는 것이 적당한 지에 대해서
곰곰이 생각하게 된다.
그런데 작은 금액의 돈을 쓸 때는 다르게 생각한다.
1~2초 고민도 하지 않고 결정해 버린다.
오랜만에 친구를 만나서 기분이 좋다고,
고민도 없이 돈을 써 버리거나 카드를 긁는다.
그러면서 "일주일 동안 다른 데 쓸 돈을 쓰지 않으면 되지 뭐." 하고
정당화한다.
하지만 이런 일이 계속되면 문제가 된다.
돈에 대해 잘못된 지출을 하는 습관이 생기고, 경향성이 생긴다.
적은 돈이 큰 돈으로 불어난다는 사실을 잊어 버리게 된다.
우리는 살면서 큰 돈을 쓸 때보다 작은 돈을 쓸 때가 더 많다.
작은 돈을 쓸 때 돈에 대한 경향성이 당신이 돈을 대하는 경향성이
된다.
돈을 대하는 경향성이 한 번 설정되면
작은 돈을 쓸 때나 큰 돈을 쓸 때나 같은 경향성이 나타날 가능성이
높다.

감정적 지출

돈을 지출할 때 이성적이고 논리적으로 돈을 지출하기보다,
기분에 따라 감정적으로 돈을 지출하는 경우가 많다.
개인, 가정에서의 지출뿐만 아니라 나라의 경제도 사람들의 감정적
분위기에 따라 많은 부분 좌우되기도 한다.
주식시장도 기업의 이익이나 논리로 움직이기보다는
사람들의 욕망과 두려움에 의해 움직이는 경향이 크다.

지출을 다스리는 데 있어서는 이성을 통해서 감정과 기분을 다스릴 수
있는 능력을 얼마나 가지고 있는가가 중요하다.
감정과 기분에 따라 돈을 쓰지 말고,
이성과 논리에 따라 돈을 지출하는 연습이 필요하다.

당신이 벌어들이는 돈이 아니라,
지출에 대한 당신의 경향성이 당신의 부를 좌우한다.

Day 18

현금흐름과 수각

The Flow of Money:
From the Fountain to the Dam

고정된 급여 생활을 하는 직장인이라면
현금흐름을 늘릴 방법에 집중해야 하고,
현금흐름이 많은 사업가나 장사하는 사람은
수각을 만들어서 돈을 모으는 능력에 집중해야 한다.

현금흐름과 수각(水廓)

> **현금흐름을 만드는 능력**
> vs
> **수각을 만드는 능력**

부자가 되기 위해서는 사업과 투자를 통해
돈을 잘 흐르게 하는 능력이 중요하다.
돈의 흐름은 '돈을 굴린다', '돈이 일하게 한다', '돈을 투자한다' 등
여러 가지 표현으로 나타낼 수 있다.

사업으로 성공한다는 것은 현금흐름(캐시플로; cash flow)을
더 많이 만들어 낼 수 있다는 뜻이다.
하지만 현금흐름을 많이 만들어 내는 것만으로는
진정한 부자가 될 수가 없다.
수로에 흐르는 물이 일정한 양 이상 모이면
그 물을 흘려보내는 '수각(水廓)'ⓐ이라는 것이 있다.

부자가 되기 위해서는 이처럼 흐르는 현금을 모아 두는
돈의 수각을 만들 수 있는 능력이 꼭 필요하다.
물과 돈의 공통점 중 하나는 흐르는 성질을 가졌다는 것이다.
부자는 돈의 흐르는 성질을 역행해 돈을 잡아 두는 힘을 가진
사람이다.

돈을 잡아 두는 힘과 능력은 하루아침에 길러지지 않는다.
이러한 능력을 기르기 위해서는 꾸준한 연습과 훈련,
그리고 돈을 잡아 두고 돈을 쓰는 절제가 필요하다.
절제하며 돈을 쓰는 힘은 저축을 통해, 또는 빚을 갚으면서 기를 수
있다.
어떤 부자는 일부러 부담이 큰 부동산 같은 자산을 빚을 내서
매입한 후 절약하면서 그 빚을 갚아 나간다.
하지만 빚을 갚으면서 기르는 절제의 힘보다
저축을 통해 기르는 절제의 힘이 더 긍정적이다.

현금흐름과 수각에 대해 이해한다면
복권에 당첨된 사람이나 부모의 돈만 상속받은 사람이
자기에게 들어온 돈을 유지하지 못하는 이유를 알 수 있다.
이들에게는 현금흐름을 만들어 내는 능력이나
수각을 만들 능력이 없기 때문이다.
이들은 단지 돈을 소비하고 낭비할 뿐이다.
돈을 벌고 지켜야 한다는 생각은 할지 모르지만
돈에 대한 지식과 경험, 지혜가 부족해서
잘못된 곳에 돈을 투자하여 돈을 잃고, 심지어 빚까지 지게 된다.

돈에 대한 지혜가 없는 사람에게 들어온 큰돈은 오히려 독이 된다.
돈을 가진 동안 소비와 낭비만 심해지고,
투자와 사업 규모만 키우는 데 집중하기 때문에 실패 확률이
높아지고, 그만큼 빚도 더 많이 지게 된다.

고정된 급여 생활을 하는 직장인이라면
현금흐름을 늘릴 방법에 집중해야 하고,
현금흐름이 많은 사업가나 장사하는 사람은
수각을 만들어서 돈을 모으는 능력에 집중해야 한다.

저수지나 댐을 만들어 위험에 대비하듯 돈의 수각을 만들어 두어야
한다면 야심찬 일부 사업가는 사업 성장이 늦어지게 된다고 대답을
하는 경우가 많다.
물론 IT 스타트 업과 같이 촌각을 다투어야 하는 경우도 있다.
이런 경우가 아니라면 사업의 속도나 규모보다는
사업의 방향성과 삶의 질이 더 중요하다.

아무리 뛰어난 사업가나 투자자도 선택과 판단이 늘 정확할 수는
없다.
사업가나 투자자가 예측하지 못한 변수는 언제나 있기 마련이다.
이처럼 예측하지 못한 일이 발생했을 때,
리스크(risk)를 오히려 기회로 만들어 줄 수 있는 것이
바로 여러분이 평소에 만들어 두었던 수각, 즉 여러분이 저축해 둔
돈이다.

선택은 각자의 몫이다.
스스로를 돌아볼 때, 현금흐름을 만드는 능력과
수각을 만드는 능력 중
나는 어떤 부분이 뛰어나고 어떤 부분이 부족한가?

흐르는 돈이 모이고 저장되는 중간 단계인
수각을 만들 능력이 있는 사람이나 회사가 위험을 줄이고 부자가
되고, 성공할 수 있는 기회를 더 많이 가질 수 있다.

Day 19

빚부터 갚아야 할까, 투자부터 해야 할까?

What to Do First : Pay Off Debt, or Invest?

선택의 기준은 자신의 투자 능력과 사업 능력이다.
현대 사회에서는 노동 수입만으로 부자가 되기는 어렵다.
경제 교육과 훈련을 통해 투자 능력과 사업 능력을 키우고
빚이라는 지렛대를 잘 활용해야 부자가 될 수 있다.

빚부터 갚아야 할까, 투자부터 해야 할까?

현대 사회를 살아가면서 빚을 지지 않고 사는 사람은 드물다.
경제적 성장을 위해서 빚을 권하고,
각종 할부 제도를 통해서 미래의 수입을
현재에 지출할 것을 권하는 사회가 되었다.

미래를 생각하기보다 현재의 기쁨과 만족을 추구하려는
인간의 본능과 감정을 잘 이용한 금융기관과 기업들의 마케팅
전략으로 우리는 미래에 써야 할 수입을 현재로 앞당겨서 쓸 수 있게
되었다.
집이나 자동차 등 금액이 큰 소비는 미래의 수입을 담보로 하여
빚을 내어 쓸 수 있고, 카드를 통해서도 일상적으로

다음 달 수입이나, 더 먼 미래의 수입을 앞당겨서 현재에 소비할 수 있다.
특히 집을 매입할 때 한 푼도 빚을 지지 않고 자기 돈으로만 살 수 있는 사람은 그리 많지 않다.
평소에 빚을 싫어하는 사람도 집을 매입할 때는
대출이라는 빚을 지게 되는 것이 현실이다.

그렇다면 이렇게 진 빚을 다른 투자나 사업을 하기 전에
우선적으로 갚아야 하는가?
이 질문에 대한 답은 개인적으로 다를 것이다.
대답에 앞서 우리 뇌의 특징을 우선 살펴보자.

우리 뇌는 자신이 얻은 이익보다 자신이 입은 손실에 더 민감하다.
그래서 손실에 훨씬 많은 고통을 느낀다.
뇌는 우리 몸이 최대한 오래 생존하는 데 유리하도록
실수와 손실에 대해 더 민감하게 반응하고 기억하도록 진화되어 왔다.
필요 이상으로 많은 음식을 구하거나 과도한 보상을 얻기보다,
생존을 위해 필요한 최소량을 안정적으로 구하는 것이 더 중요했을 것이다.
원시시대에는 되도록 실수를 적게 하면서 필요한 것을 최소한이지만
안정적으로 확보하는 것이 생존에 유리했기 때문이다.
우리는 먼 조상들로부터 이러한 성향을 물려받았다.
우리 뇌의 이러한 유전적 경향성으로
오늘날에도 사람들이 공무원이나 안정적 직장을 선호하는지도 모른다.

하지만 현대 사회는 과거와는 환경이 많이 달라졌다.
현대 사회에서 사람들은 더 많은 즐거움과 경험,
자아실현 등 단순한 생존 이상의 것을 원한다.
환경이 변하고, 원하는 것도 달라졌는데
우리 뇌의 경향성은 그대로 유지되고 있다.

집과 같은 부동산을 매입할 때 진 빚을 다 갚고,
새로운 투자를 위한 종자돈을 모아서 재투자 하기는 쉽지 않다.
부동산을 매입하며 생긴 은행 대출이나 각종 빚을 먼저 갚아야 하는지
혹은, 빚을 그대로 두고 투자를 해야 하는지는
자기 자신의 투자 능력이나 사업 능력에 달려 있다.
이자율 5%로 은행에서 빌린 돈이
낭비가 되기도 하고, 소비가 되기도 하고, 투자가 되기도 한다.
자신에게 5% 이상의 수익을 낼 투자 능력이나 사업 능력이 있다면,
이 빚은 좋은 빚이고, 좋은 레버리지(Leverage)®가 된다.
하지만 이런 능력이 불확실하다면,
은행에서 빌린 돈은 족쇄가 된다.

[
빌린 돈의 이자 〈 투자 수익, 사업 수익 = 투자
빌린 돈의 이자 = 투자 수익, 사업 수익 = 소비
빌린 돈의 이자 〉 투자 수익, 사업 수익 = 낭비
]

그러므로 우리는 경제 교육과 훈련을 통해서
자신의 투자 능력과 사업 능력을 길러야 한다.
선택의 기준은 자신의 투자 능력과 사업 능력이다.
현대 사회에서는 노동 수입만으로 부자가 되기는 어렵다.
경제 교육과 훈련을 통해 투자 능력과 사업 능력을 키우고
빚이라는 지렛대를 잘 활용해야 부자가 될 수 있다.

Day 20

빚이 있더라도
저축하고 비상금을 유지하라

Keep Your Nest Eggs and Savings
Despite Your Debt

1. 빚을 갚겠다고 결심하라.
2. 너의 빚을 알라.
3. 조금씩이라도 빚을 갚아서 성취감을 느껴라.
4. 자산을 매각하라.
5. 빚이 있더라도 저축을 하고 비상금을 유지하라.

빚이 있더라도
저축하고 비상금을 유지하라
- 빚을 갚는 다섯가지 원칙 -

빚은 돈과 경제에 대한 지혜가 있는 사람에게는 훌륭한 도구가 된다.
하지만 그렇지 못한 사람에게는 자신과 남을 해치는 흉기가 된다.

어떤 빚이 바람직한 빚이고 어떤 빚이 바람직하지 못한 빚일까?
단순히 소비만를 위해 신용카드나 할부로 미래의 수입까지
당겨쓴다면 문제가 발생하게 된다.
투자와 사업을 위한 빚은 문제가 되기도 하지만
경우에 따라서는 좋은 레버리지(leverage)ⓐ가 되기도 한다.

투자와 사업 때문에 빚을 내는 경우라도
현금흐름(cash flow)과 현금의 보유량에 늘 신경을 써야 한다.

기업들 대부분은 은행에 어느 정도 이자를 주고서라도
일정 금액의 현금을 항상 보유하려 한다.
적정량의 빚과 현금흐름, 현금 보유의 양은
사업의 특성과 사장의 개인적 성향에 따라 다를 수 있다.

하지만 어떤 경우든 빚이 밤에 잠을 못 이룰 정도로
근심, 걱정, 스트레스를 가져온다면,
자산을 팔아서라도 빚을 갚고 정신적 건강을 지켜야 한다.
빚을 짐으로써 생기는 부정적인 생각 때문에
긍정적이고 창의적인 생각을 하는 데 지장을 받는다면
먼저 빚을 갚는 것이 우선이다.

효과적으로 빚을 갚는 원칙은 다음과 같다.

첫째, 빚을 갚겠다는 의지가 있어야 한다.
빚의 문제점 중 하나는
빚을 진 사람들이 그 빚을 갚으려는 생각을 잘하지 않는다는 것이다.
빚을 갚으려는 생각이 있어야 빚을 갚겠다는 의지도 생긴다.
많은 사람이 미래의 언제인가 돈을 많이 벌 것이므로
지금부터 허리띠를 졸라매고서 빚을 갚을 필요가 없다고 생각한다.
그러나 나중에 돈을 많이 벌어서 빚을 갚는 것은 생각만큼 쉽지 않다.
나중에 돈을 많이 번다고 해도 그 돈은 또 다른 소비나 새로운 투자,
사업 확장 등에 쓰이게 되기 때문이다.
중요한 것은 빚을 갚겠다는 의지이다.

둘째, 자신이 진 빚의 규모를 정확히 알아야 한다.
많은 사람이 자신의 자산을 제대로 알지 못하듯이
자신의 빚도 제대로 파악하지 못하고 있다.
자신의 빚이 얼마나 되는지, 이자는 얼마인지,
그리고 빚이 늘어나고 있는지 줄어들고 있는지를
매달 주기적으로 파악해야 한다.
"너 자신을 알라."는 말처럼
자신의 빚을 정확히 알아야 한다.

셋째, 조금씩이라도 갚을 계획을 세우자.
빚을 갚는 일은 저축과 마찬가지로 일단 시작해야 한다.
매월 조금이라도 갚기 시작해야 한다.
목표를 정해서 절제하다 보면 빚이 줄어드는 기쁨을 느낄 수 있다.
어둠이 있어서 밝음을 더욱 잘 느끼듯이
절제의 기쁨을 맛보면 부와 풍요를 더욱 잘 느낄 수 있다.
빚이 줄어드는 목표를 이루는 과정에서 성취감을 느낄 수 있다.

넷째, 자산을 매각해야 한다.
우리 뇌는 손실에 더 많은 고통을 느낀다.
어떤 부분에서 10의 이익을 얻는다 해도 1의 손실을 보면
우리 뇌는 기쁨보다 손실의 고통을 더 많이 느낀다.
하지만 이런 고통을 감수하고서라도 자산을 매각해서 빚을 갚아야
한다.
한쪽 손이 썩어 가는 데도 고통이 두렵다고 방치한다면 어떻게 될까?
결국에는 목숨까지 위험해질 수 있다.

극단적인 예이지만, 과도한 빚도 이와 마찬가지로
우리 개인의 경제적 삶 혹은 회사의 생존에 치명적인 영향을 미칠 수
있다.
과도한 빚 때문에 손쓸 수 없게 되기 전에
고통을 감수하고 경기가 좋을 때 시간을 가지고서라도 자산을
매각하라.
조금 더 물질적 이익을 보기 위해서
정신적 건강과 육체적 건강, 정신적 풍요를 해칠 필요가 없다.
맛있는 음식을 조금 더 즐기기 위해서
독이 들어 있을 가능성이 조금이라도 있는 음식을 먹을 필요는 없다.
특히 부동산은 경기가 좋지 않을 때 급하게 매각하면 큰 손실을 보게
된다.
경기가 좋고, 회사나 개인의 재무 상태가 비교적 좋을 때
선재적으로 구조 조정을 해야 한다.
구조 조정은 어려울 때만 하는 것이 아니라
재무 상태가 건강할 때에도 늘 해야 하는 것이다.

다섯째, 빚을 갚는 과정에서도 저축은 해야 하고,
일정 수준의 현금을 보유하고 있어야 한다.
3억 원의 빚을 지고 있고 이자가 높다고 하더라도,
적은 금액이라도 저축하고
일정 수준의 현금을 비상금으로 가지고 있어야 한다.
저축이 긍정 에너지를 만들어 주기 때문이다.
빚을 갚는 중이라도 이 최소한의 저축은
자신의 기쁨을 위해서 사용하도록 하자.

기쁨을 느껴야 무슨 일이든 지속할 수 있다.
고통만 있는 길은 오래가기 어렵다.
고통만 있는 길은 의지력이라는 에너지의 소모가 너무 많고
의지력이라는 에너지에도 한계가 있다.
3억 원 정도의 빚이 있어도 3천만 원 정도의 비상금은
항상 유지하면서 빚을 갚아 나가자.
우리 뇌는 먼 미래에 갚아야 하는 3억 원의 빚보다
당장 쓸 돈 몇 십만 원에 더 고통을 느끼고 스트레스를 받는다.

아무리 빚이 많아도 일정 수준의 저축과 비상금을 가지고 살아간다면
돈 때문에 오는 걱정과 스트레스로부터 정신적 건강을 지킬 수 있다.
조금 더 지불하는 이자는 당신의 건강을 위한 투자라고 생각하면
된다.

빚을 갚는 **다섯가지 원칙**을 다시 정리해 보자.
1. 빚을 갚겠다고 결심하라.
2. 너의 빚을 알라.
3. 조금씩이라도 빚을 갚아서 성취감을 느껴라.
4. 자산을 매각하라.
5. 빚이 있더라도 저축을 하고 비상금을 유지하라.

Day 21

저축은 긍정적 미래에 초점을 두고 해야 한다.

Save by Focusing on a Positive Future

저축은
돈에 대한 절제력을 높이는
가장 좋은 훈련 중의 하나다.

저축은 긍정적 미래에 초점을 두고 해야 한다.

> **저축의 세 가지 원칙**

첫 번째 – 긍정적 미래에 초점을 두고 저축을 해야 한다.
두 번째 – 저축은 즐겁고 행복한 것이어야 한다.
세 번째 – 저축을 멈추지 않고 지속할 수 있어야 한다.

첫 번째 - 긍정적 미래에 초점을 두고서 저축을 해야 한다

사람들에게 저축하는 이유를 물어보면,
"미래에 돈이 없을 경우를 대비해서",
"미래에 직장에서 해고될 경우를 대비해서",
"미래에 병이 들 경우를 대비해서" 등의 대답을 한다.
혹시, 당신이 저축을 하는 이유도 이와 비슷한가?
이런 이유의 저축은 부정적 미래와 결합된다.
저축하는 행동이 부정적 이유와 결합된다면
부정적인 생각과 부정적 미래를 끌어당길 수도 있다.

뇌는 부정어를 인식하지 못한다.
"코끼리를 생각하지 말라."[a]고 당신의 뇌에게 명령을 해 보자.
코끼리의 모습이 떠오를 것이다.
당신의 뇌가 코끼리의 이미지를 만들어 낸 것이다.
마찬가지로 "미래에 돈이 없을 경우를 대비해서"라고 하면
돈이 없는 모습이 떠오른다.
"직장에 해고될 경우를 대비해서"라고 하면
해고되는 상황의 이미지가 떠오른다.
"미래에 병이 들 경우를 대비해서"라고 하면
자신이 보았던 병든 사람의 모습이 떠오를 것이다.
미리 부정적인 상황을 설정하고 그것에 생각과 초점을 맞추어서는 안 된다.
당신이 생각하고 이미지화한 것이 현실로 나타나기 때문이다.

예를 들어, "아름다운 집을 장만해서 가족과 함께 행복하고 풍요롭게 살기 위해서"라고 목표를 정하고 저축을 해야 한다.
즉, 행복하고 풍요로운 미래를 위해서 저축을 하는 것이다.
'행복한 미래를 위해서' 혹은 '경제적 자유를 위해서' 등
긍정적이고 이타적인 미래의 꿈에 초점을 맞추어서 저축을 해야 한다.

똑같이 저축을 하더라도,
생각의 차이가 미래의 차이를 만들어 낸다.
끌어당김의 법칙을 이해하면 쉽게 이해할 수 있을 것이다.
이런 긍정적인 이미지를 구체적으로 생각하면서 저축을 해야 한다.

두 번째 - 저축은 즐겁고 행복한 것이어야 한다

돈을 모으는 행위가 고통이 되어서는 안 된다.
고통스러운 것을 지속하기 위해서는 많은 의지력이 필요하고,
많은 의지력이 필요하다는 것은
우리 몸이 포도당을 많이 소비해야 한다는 의미이다.
에너지를 많이 소비해야 하는 일은 지속하기가 힘들다.
쉽게 지속하기 위해서는 고통스러운 것을 즐거운 행위로 바꾸면 된다.
많은 사람이 돈을 모으는 행위를 고통스러운 것으로 인식하고 있기
때문에 지속하기가 어려운 것이다.
이성적인 뇌는 장기적 행복을 위해서
돈을 모아야 한다는 것을 알지만,
감정적 뇌와 본능의 뇌는 돈을 모으는 것이
지금 순간에 즐거움을 주지 못하고,
또 저축을 하게 되면 현재 누리는 즐거움이 줄어들 것이라고
생각한다.
이러한 생각으로 스트레스를 받으니 돈 모으는 것을 싫어하게 된다.

어떻게 하면 돈 모으는 것을 즐거운 행동으로 뇌에 인식시킬 수
있을까?
우리의 뇌는 어떤 것을 성취해 갈 때 뇌 행복 물질인 도파민을
분비한다.
이 도파민 분비를 잘 활용해 보자.
두 가지 형태로 나누어서 돈을 모아 보도록 하자.
적금과 자유 저축이다.

나의 월 급여가 200만 원이고, 내가 한 달에 저축할 수 있는
여유가 70만 원 정도라고 가정해 보자.
70만 원을 하나의 적금이나 저축으로 하지 말고,
나누어서 적금과 자유 저축으로 구분하자.
이렇게 함으로써 우리의 뇌가 성취감을 느끼고
도파민 등 뇌 행복 물질을 더 많이 분비하도록 유도해 보자.
70만 원을 적금 하나에 몰아넣은 경우,
돈이 필요한 어떤 일이 생겼을 때 해약을 하게 되면
아무 성과 없는 행동을 처음부터 반복해야 한다.

우리 뇌는 성과없이 반복하는 것을 매우 싫어하므로
중간에 저축이 중단될 수 있는 가능성을 줄여야 한다.
저축을 너무 무리하게 하거나 큰 금액을 하나의 적금으로 넣지 말고,
작은 금액을 나누어서 저축해 보자.
먼저 적금을 12개로 나누어 월마다 1개씩 들도록 해 보자.
4만 원씩 12개의 적금을 1월부터 12월까지 가입하자.
1년짜리 적금을 든다면 매달 50만 원 정도의 적금이 완료되고 작은
목돈을 가지게 된다.
우리의 뇌가 성취감을 훨씬 더 많이 느낄 것이다.

이렇게 1년에 완료되는 12개의 적금 중 일부를
감성, 감정의 뇌와 본능의 뇌를 위해 지출해 보자.
그러면 세 종류의 뇌가 모두 저축을 통해서 행복감을 느끼게 되고,
저축도 더욱 쉬워진다.

예를 들어서 3월에 타는 적금으로 봄 여행을 가고,
7월에 타는 적금으로 바다 여행을 가고,
9월에 타는 적금으로 가을 코트를 사고,
12월에 타는 적금으로 스키 여행을 가 보자.

돈을 조금 적게 모은다고 하더라도 저축에 대한 긍정적 감정을 가지고
저축하는 행위 자체를 즐길 수 있다면 조금 느리더라도 멈추지 않고
목표한 곳으로 나아갈 수 있다.

70만 원의 저축 여력 중에서
이렇게 48만 원은 12개의 적금으로 나누어서 저축을 하고
나머지 22만 원은 세 가지 자유 저축으로 나누어서 저축을 하자.

하나의 통장은 어떤 일이 있어도 돈을 빼지 않겠다고 약속하고
자신과의 약속을 지키자.
둘째 통장은 투자를 위한 통장,
셋째 통장은 내가 좋아하는 것을 위한 통장이다.
자기가 원하는 금액으로 나누어서 저축하도록 하자.
첫해에는 자유 저금을 매달 22만 원씩 할 수 있지만
다음해부터는 매달 적금에서 48만 원이 추가로 나오기 때문에
적금한 돈을 쓰지 않는 달에는 매달 70만 원의 돈을
자유 저축 통장에 넣을 수 있다.

자유 저축 통장을 3개로 나눈 뒤,
각각 이름을 붙여서 자유 저축을 해 보자.

예를 들어서

통장 1(통장 이름: 안정)
: 절대 금액을 빼지 않을 것이므로 욕심을 내지 말고
 적은 금액부터 시작하자.

통장 2(통장 이름: 자유)
: 돈이 모이면 투자에 사용할 용도로 모아 보자.

통장 3(통장 이름: 행복)
: 감정적 뇌와 본능적 뇌의 행복을 위한 통장으로, 자신이 즐거움을
 느끼는 곳에 쓰기 위해 돈을 모아 보자.

이렇게 하면 저축도 즐거운 행위가 될 수 있다.

세 번째 - 저축을 멈추지 않고 지속할 수 있어야 한다

이렇게 작은 금액을 저축해서 언제 목표하는 곳에 도달할까?
너무 느린 게 아닐까? 조급한 마음과 의심스러운 마음이 드는가?

그 행동에 진정 즐거움을 느낀다면, 멈추지 않고 계속하게 된다.
우리는 1년 동안 할 수 있는 일은 너무 과대평가하고
10년 동안 할 수 있는 일은 너무 과소평가하는 경향이 있다.

어학을 공부하는 사람들 대부분이
외국어를 능숙하게 구사할 수 있는 수준까지 도달하지 못한다.
부자가 되고 싶어 하는 사람 중,
아주 적은 수의 사람만이 자신이 원하는 부를 이루게 된다.

빨리 가지 않아서 그런 것일까?

아니다. 중간에 멈추기 때문이다.

아무리 느리더라도 멈추지 않고 나아가면 원하는 곳에 도달하게 된다.

매일 단어를 한 단어 이상 외운다고 자신과 약속한 뒤
이 작은 약속을 하루도 빠지지 않고 10년간 지킨다면
그 사람은 자신이 원하는 것을 이룬다.
과연 매일 한 단어만 외울까?
어떤 날은 10개, 또 어떤 날은 20개, 또 어떤 날은 정말 1개의 단어를
암기할 것이다.

작은 약속을 하면 자신과의 약속을 매일 지킬 가능성이 높아진다.
이렇게 자신과의 약속을 지키면 자신의 내재적 가치가 상승하고
내면의 힘이 생긴다.
운동도 하루에 딱 1분! 자신과의 작은 약속을 해 보자.
그리고 지속해서 지키자.

돈과 관련해서도 마찬가지이다.
처음에 너무 욕심을 내서 무리한 저축을 시작하기보다
돈에 대해 깨어지지 않을 약속을 자신과 하고, 계속 지켜 나가자.
저축하는 것이 습관화되고 저축하는 데 재미를 느낀다면,
자연스럽게 더 많은 저축을 하기 위해
더 많은 돈을 벌고자 하는 생각을 하게 된다.
절약해서 저축하는 데는 한계가 있기 때문이다.
따라서 더 많은 저축을 하기 위해서

더 많은 돈을 벌 수 있는 생각과 행동을 하게 되며
결국 당신이 원하는 풍요로움과 부를 누릴 수 있고 행복한 삶을 살 수 있다.

돈에 대한 깨어지지 않는 좋은 습관이 있으면
자신이 예측하지 못한 행운이 찾아온다.
멈추지 않고 계속하면 내가 논리적으로 생각하거나
계산하지 못했던 행운이 발생한다.
강력히 원하고 생각하고 행동해 나가면
상상조차 하지 못한 기회와 행운이 반드시 찾아온다.
돈에 대해 더 현명해지면 그 기회와 행운을 잡을 수 있다.

무엇이든 완벽하게 해내려면 스트레스가 생긴다.
스트레스를 받는다고 하던 일을 중단하는 것보다는
완벽주의적 생각을 조금 내려놓고 유연한 사고를 할 필요가 있다.
형식적인 규칙에 집중하지 말고
무엇을 달성하기 위해 이 규칙을 만들었는지 생각해 보라.
저축 습관을 만들어서 무엇을 얻기를 바라는 것인지
목표와 진실을 향해 나아가면서 항로를 수정해야 한다.

많은 사람이 아무런 생각 없이 규칙에만 집중한다.
처음 설정한 규칙에서 조금만 벗어나도 하던 행동을 완전히 중단한다.

매달 일정 금액을 정해서 6개월 동안 저축을 하다가
어떤 일이 발생해서 저축을 못하게 된 달이 생겼다고 가정해 보자.

그러면 그 달부터 저축하는 행동을 완전히 중단하는
사람들이 많이 있다.
그러나 여러분이 지켜야 하는 것은 매달 저축해야 하는
금액이 아니다.
여러분이 지켜야 하는 것은 저축하고 돈을 소중히 여기는 경향성이다.
예측하지 못한 일들은 늘 발생한다.
그런 일들이 발생하더라도
목표에 초점을 맞추어 행동을 지속하고 저축하는 습관을
유지해야 한다.

돈 관련, 부자 관련 책에서 저축에 대해서 다루지 않는 책은 거의
없다.
다음 달부터 저축하겠다는 것은 절대 불가능하다.
다음 달부터 저축하겠다는 말은
내일부터 다이어트를 하겠다는 말과 같은 말이다.
내일부터 다이어트 하는 사람을 본 적이 있는가?
다음 달부터 저축을 하려 하지만, 다음 달에는 더 급하게 돈 쓸 일이
생긴다.
꼭 필요한 지출이란 것은 수입이 증가함에 따라 같이 증가한다.
돈이 더 많이 들어올수록 쓸 일이 더 많아지고
저축할 여력은 그만큼 떨어진다.

당신이 부자가 되는 것은 당신이 버는 돈이 아니라
당신이 지출을 절제하고, 당신이 저축한 돈을 통해서이다.
스스로 돈 버는 기계가 될 것인지

아니면, 돈 벌어 주는 자산과 시스템을 가질 것인지
그 차이는 주로 저축에 의해서 결정된다.

사람들은 나중에 돈을 더 많이 벌 것이기 때문에
지금 저축할 필요가 없다고 생각한다.
지금 당장 편하게 살기를 원하는데, 저축은 너무 힘들다고 생각한다.
낮은 이자와 인플레이션 때문에 저축하면 손해라고 생각한다.
이렇게 생각하는 사람들은 기본적으로 저축을 중요하게 여기지
않는다.
이런 마음가짐은 쉽게 변하지 않는다.

저축은 돈에 대한 당신의 절제력을 높이는 가장 좋은 훈련 중의
하나이다.

Day 22

최소한의 돈으로 살아보기

Try Living With as Little Money as Possible

최소한의 돈으로 살아 보면서
처음에 돈에 대한 두려움을 없애야 한다.
두려워 하는 것을 모으고 곁에 둘 수 없기 때문에
돈에 대한 두려움, 돈을 잃는 것에 대한 두려움을 없애야 한다.

최소한의 돈으로 살아보기

자신이 할 수 있는 가장 적은 돈으로 일정기간을 살아 보자.
그러면 가난과 돈에 대한 두려움이 많이 사라질 수 있다.
돈이 적어도 살 만하고 그리 불편하지 않고
자신의 행복에 큰 영향을 미치지 않다는 것을 체험할 수 있다.
1개월도 좋고 6개월도 좋다.
물론 그 후로도 계속한다면 더 좋을 것이다.

특히 장사나 사업이나, 투자를 하려는 사람이라면
최소한의 금액으로 살아 보기를 꼭 권한다.
장사나 사업이나, 투자가 잘못되어도
내 삶이 완전히 끝나지 않으며,

조금 불편해지는 정도라는 것을 인식할 수 있다면
돈에 대한 두려움이 많이 사라진다.

나의 경우는 운좋게 좀 젊은 나이에 망해 본 경험이 있다.
돈을 적게 벌었던 것은 아니지만,
보증도 서 주고, 아는 지인에게 돈도 빌려주고
사업도 이것저것 했지만 돈을 관리하는 능력이 부족해서
망하게 되었다.
그래서 내가 원하지 않았지만 단순한 삶의 경험을 하게 되었다.
사업이 망하니 은행 거래도 끊어지고, 신용 카드도 정지되고,
주위의 사람들도 대부분이 떠났다.

원하지는 않았지만 자연스럽게 최소 경비로 살아 보는 경험을 했다.
망하고 나서도 나의 삶은 지속되었으며
조금 불편한 것을 제외하고는 그럭저럭 살만했다.
삶에서 성공도 나의 경험이고
실패도 나의 소중한 경험이다.

세계적인 부자들 중에는 검소하게 살아가는 사람이 많다.
세계적인 투자가 워런 버핏은
매일 햄버거를 먹고, 하루에 콜라 5병을 마시며, 포테이토를 즐긴다.
그는 1958년 미국 네브래스카주 오마하시 외곽에 위치한 2층집을
구입한 뒤 지금까지 60년째 살고 있다.
가격은 70만 달러(8억 원) 정도이다.
더 좋은 집을 구매하지 않는 이유는 간단하다.

"더 좋은 집으로 이사해서 더 행복해진다면 당장 이사할 것"이라고
한다.
승용차를 2014년식 캐딜락XTS(당시 구매 가격 4만 5천 달러)로
바꾼 이유가 "아버지 차가 너무 오래돼서 창피하다."ⓐ고
불만을 터뜨린 딸 때문이라고 한다.

또 다른 세계적인 부자로, 스웨덴 가구 회사 이케아의 설립자인
앙바르 캄프라드ⓐ의 경우도 살펴보자.
그는 10년 된 볼보를 타고 출근하거나 버스를 타고 출근한다.
비즈니스로 비행기를 탈 때에도 여전히 이코노미석만 이용하고,
호텔도 직원들과 같은 호텔 방에서 잔다.

좀 젊은 부자를 살펴보자.
우리가 늘 사용하는 페이북의 설립자인 마크 주커버그ⓐ다.
그는 항상 같은 청바지에 후드를 입고 다닌다.
그는 최소한의 결정으로 사는 것을 원칙으로 하고
결혼식 당일에도 햄버거를 먹고 차는 폭스바겐의 해치백을 타고
다닌다.

이들 이외에도 정말 검소하게 살아가는 수많은 세계적인 부자들이
있다.
우리 주위에도 매우 검소하게 살아가는 부자는 많이 있다.

일정 기간 동안 스스로 결심해서 검소한 삶을 살아 보면
돈에 대한 두려움이 많이 사라지게 된다.

처음 수영을 배울 때 가장 문제가 되는 것은 물에 대한 두려움일 것이다.
돈의 경우도 돈에 대한 두려움을 없애야 한다.
하지만 물에 대한 두려움을 극복하고 수영을 잘하게 되면
다시 물에 대한 다른 두려움을 가져야 한다.
수영을 좀 하는 사람들이 강이나 바다에서 수영을 하다가
사고를 당하는 경우가 많기 때문이다.

돈의 경우도 마찬가지다.
최소 금액으로 살아보면서 돈에 대한 두려움을 없애야 한다.
두려워 하는 것을 모으고 곁에 둘 수 없기 때문에
돈에 대한 두려움, 돈을 잃는 것에 대한 두려움을 없애야 한다.
돈에 대한 두려움 없이 젊은 시절에는 위험을 감수하면서 도전을 할 수 있어야 한다.
불이나 칼과 같은 도구에 대한 두려움으로
불과 칼을 사용하지 않을 수 없듯이
실패에 대한 두려움으로 도전을 하지 않을 수 없다.
그리고 어느 정도 부자가 되고 나면,
돈에 대해 조심하고, 더욱 신중하게 되어야 된다.

돈이 적은 상태에서도 살아갈 수 있다.
조금 불편할 뿐이다.
사업이나 투자를 실패해서 극단적 선택을 하는 사람들에 대한 뉴스를
가끔 접할 수 있다.

최소한의 돈으로 살아 보면서

돈이 없는 상황에 대한 두려움을 떨쳐버려라.

그러면 사업과 투자 실패에 대한

두려움이나 극단적 선택을 하는 실수도 없앨 수 있다.

Day 23

노동 시장을 넘어 자산 시장으로

The Importance of Earning Money
Beyond the Labor Market

'자산 가치의 상승으로 인한 수익'과
'수동적 자산 수익'에 대한 개념을 이해하고
이런 수익을 얻을 수 있도록 지속적으로 생각하고 준비한다면
당신도 머잖아 분명히 이 두 가지 자산 수익을 얻게 될 것이고,
부자가 되어 갈 수 있을 것이다.

노동 시장을 넘어 자산 시장으로

> **"**
> 당신의 수입은 노동 시장에서만 발생하고 있는가?
> 그렇다면 부자가 되는 길은 쉽지 않을 것이다.
> **"**

다른 사람을 위한 물건을 만들거나 서비스를 창출하는 방법 외에도
다르게 돈을 버는 방법도 있다.
재정 교육을 받지 않은 사람은, 돈을 버는 방법으로
다른 사람에게 서비스나 물품을 제공하는 방법을 생각한다.
그러나 실제로 사람과 사람 사이에서 이동하는 돈은
전체 돈의 10~20%에 불과하다.
전체 돈의 흐름의 80~90%는 실제 물품과 서비스와는 관련이 적은
자산 시장에서 숫자로만 움직이는 돈이다.

대표적인 자산 시장은 주식과 부동산, 채권 등이 있다.
엄청난 숫자의 돈이 이 자산 시장에서 움직인다.

따라서 노동 시장을 넘어서 자산 시장에서
돈을 벌 수 있어야 진정한 부자가 될 수 있다.
자산 시장에 대해서 배우고 경험하기 위해서 적은 금액일지라도
주식 시장과 같은 자산 시장에 투자해 보고 관찰하며 공부할 필요가
있다.

너무 적은 금액이어서 신경 쓰이지 않거나
너무 많은 금액이어서 걱정이 되는 사이의 금액을 투자해서
매일 5~10분 정도 관심을 가지고 지속적으로 공부한다면
자산 시장을 바라보는 당신의 능력은 놀랄 정도로 발달하게 될
것이다.

지금까지 인류의 경제사를 살펴보아도
노동 수익의 증가보다는 자산 수익의 증가가 더욱 빠르고,
규모도 더 컸다.
일반적인 직장인의 노동에 대한 대가인 급여 인상보다
주식이나 부동산의 가격 상승이 더 빠르고 규모도 더 컸다.
연봉 3천만 원인 직장인의 급여가 1년에 10%,
즉 3백만 원이 오르는 동안 3억 원짜리 부동산은 5%에 불과하지만,
1천5백만 원이나 오르는 경우가 더 많았던 것이다.
대부분의 경제 기간 동안의 노동 수익 증가로는
자산 가치 증가를 따라잡지 못한다.

그렇다면 자산이 없는 사람은 어떻게 해야 할까?
노동 시장와 마찬가지로 자산 시장에서 성공을 거두기 위해서는

경제 공부를 해서 지식을 쌓고 실전 경험을 통해 지혜를 발휘해야
한다.
자산 시장에서는 위험이 도사리고 있다.
노동 시장에서는 마이너스가 존재하지 않는다.
일을 하면 크든 작든 급여를 받게 된다. 항상 플러스만 존재한다.
하지만 자산 시장에서는 마이너스라는 리스크가 존재한다.
그러나 자산 시장은 오르고 내리기를 반복하는 사이클이 존재하므로
자금을 가지고 공부하면서 기다리는 사람에게는 반드시 기회가
찾아온다.
오랜 기간 돈을 저축하고, 관찰하고, 지속적으로 공부한다면
자산 시장에서 성공해서 부자가 될 수 있을 것이다.
부자가 되는 속도를 높이는 방법을 정리해 보자.

1. 노동 시장에서

1) 성과급을 받는 방법

2) 시간당 노동 수익을 높이는 방법

3) 수동적인 돈이 나오는 시스템이나 회사를 만드는 방법

현대 사회는 근대 사회보다 수동적인 돈이 나오는
시스템을 만드는 방법이 다양하다.
회사를 만들기 위해서는
다른 사람과 협력하는 방법을 잘 아는 것이 가장 중요하다.

2. 자산 시장에서

1) 자산 가치를 올려서 수익을 내는 방법
모든 자산은 항상 오르기만 하는 것이 아니므로
자산을 취득하는 때를 잘 잡는 능력과 자산을 잘 매각하는 능력이
필요하다.
자산으로 돈을 벌기 위해서는 많은 경제 지식과 실전 경험이 필요하고
노력과 공부가 필수적이다.
하지만 앞에서도 말했듯이
자산 가치 상승은
노동 가치 상승보다 빠르고 규모도 크다.
각 나라의 정부는 특별한 경우가 아니라면,
자산 가치가 하락할 때 경기 후퇴를 염려해 이자율을 내리고,
돈을 시중에 풀게 된다.
자국의 경기 후퇴를 막기 위해서이지만
결과적으론 부자들을 지켜 주게 된다.
너무 많은 돈이 시중에 풀리면
이 돈의 유동성으로 부자들의 자산 가치는 더욱 올라가게 된다.
그러면 부자와 가난한 사람의 격차는 더욱 심해진다.
경기 후퇴 시기와 경제 위기 시기에
부자가 더 부자가 되는 이유가 바로 이들의 자산 때문이다.

2) 수동적 자산의 수익 증대
자산 시장에서의 자산 가치가 상승하기도 하고
수동적인 자산 수익이 나오기도 한다.

주가가 오르고 주식 배당이 나오거나 부동산 가격이 오르거나
월세가 나오는 것과 같은 경우이다.

부동산 같은 환금성®이 적은 자산에 투자할 때
자산 가치의 상승만 기대하고 투자하는 것은 매우 위험하다.
자산 가치 상승뿐만 아니라,
그 자산에서 수동적 이익도 발생하는 자산을 선택하는 것이
보다 안정적이다.

'자산 가치의 상승으로 인한 수익'과
'수동적 자산 수익'에 대한 개념을 이해하고
이런 수익을 얻을 수 있도록 지속적으로 생각하고 준비한다면
당신도 머잖아 분명히 이 두 가지 자산 수익을 얻게 될 것이고,
부자가 되어 갈 수 있을 것이다.

Day 24

부자가 되기 위한 도구들

Tools to Get Rich

사람의 말을 살펴보면 그 사람의 생각을 알 수 있고
그 사람의 경제적 상황도 짐작할 수 있다.
주위에서 말만 많고 행동은 하지 않는 사람들을 쉽게 찾을 수 있다.
행동이 말보다 더 많은 에너지가 필요하기 때문이다.
우리가 반복적으로 하는 말과 행동뿐만 아니라
생각하는 방식에 따라 습관이 굳어진다.

부자가 되기 위한 도구들

'부자가 되기 위해서 돈이 필요하다'는 말을 많이 듣는다.
그러나 사회에는 상속받은 부자 외에도 자수성가해서 부자가 된
사람이 많다.
부자가 되기 위해서는
돈 말고도 특별한 기술, 지식과 경험 등 필요한 것들이 있다.
하지만 이런 것들보다는 먼저 당신의 생각과 말과 행동과 습관을
살펴볼 필요가 있다.

사람들의 말, 행동, 습관은 밖으로 드러나는 부분이다.
이를 잘 살펴보면 사람들의 생각, 감정, 본능과 같이
드러나지 않는 부분도 파악할 수 있다.

보이지 않는 부분이 보이는 부분을 좌우하기 때문이다.
어떤 사람의 말이나 행동, 습관을 잘 관찰해 보면
그 사람의 현재의 경제적 상황과 미래의 경제적 상황까지 파악할 수 있다.
보이지 않는 부분의 중요성은
'마음 끌어당김의 법칙, 가능성의 법칙, 균형의 법칙'의 장에서
알아보기로 하고 이 장에서는 외부로 나타나는 부분인 '말, 행동, 습관'에 대해서 살펴보자.

말

사람의 말을 살펴보면 그 사람의 생각을 알 수 있고
그 사람의 경제적 상황도 짐작할 수 있다.

귀가 잘 들리지 않는 사람은 점점 벙어리가 된다.
우리는 말할 때 자신이 하는 말을 들으면서 음을 조절하기 때문이다.
말이 입 밖으로 나올 때 가장 먼저 듣는 사람은 자기 자신이다.
좋은 말을 할 때 좋은 말을 가장 먼저 듣는 사람은 자기 자신이고
나쁜 말을 할 때도 그 말로 가장 먼저 해를 당하는 사람도 자기
자신이다.

생각이 현실로 드러나는 첫 번째 단계가 말이다.
일단 입 밖으로 나온 말은 머릿속에서 맴돌던 생각보다
강력한 힘을 가지고 있다.
머릿속에 맴돌던 생각 중 일부가 우리의 물리적인 몸을 통해서

현실 속의 소리라는 파동으로 나타나는 것이 말이다.

부자가 되려면 돈에 대해서 좋은 말만 해야 한다.
돈을 소중히 여기고 감사하는 말만 해야 한다.
돈이 더럽다고 생각하고, 악의 근원이라고 말하는 사람이
어떻게 돈을 모으고 가까이 둘 수 있겠는가?
절대 돈이 없다는 말과 돈에 대한 부정적 이야기는 하지 마라.
말에는 현실을 변화시키는 위력이 있다.
돈벌이가 어렵다는 말을 하면 자신이 하는 말이 현실이 된다.
생활 속에서 '가난하다', '돈이 없다'는 말도 쓰지 말아야 한다.
자신이 하는 말 중에서 '가난하다' 혹은 '돈이 없다'와 같은
돈에 대한 부정적 말을 없애도록 하자.
마음 중심에 가난이 자리 잡으면,
소용돌이가 일어 결국 그 중심점을 향해 모든 것을 빨아들인다.
말을 다스리면 자신의 생각도 다스릴 수 있다.
나쁜 말을 한다는 것은 결국 자기 손으로 현실을 망치는 것이다.

돈과 관련해 내가 했던 말을 기록해 보자.

_____

_____

_____

_____

행동

주위에서 말만 많고 행동은 하지 않는 사람들을 쉽게 찾을 수 있다.
행동이 말보다 더 많은 에너지가 들기 때문이다.

우리의 뇌는 매 순간 의식하고 판단하는 것에 매우 많은 에너지
소비한다.
뇌는 에너지가 과도하게 소모되는 것을 방지하려
에너지를 가능한 한 적게 소비하는 쪽으로 진화가 이루어졌다.
그래서 우리가 하는 대부분의 행동은 무의식적으로 이루어진다.
예를 들어, 처음 자동차 운전을 할 때는 긴장하고 신경이 많이
쓰이지만 익숙해지면 대부분의 행동이 무의식적으로 이루어진다.
그래서 반복적인 행동을 할 때는
올바른 행동 패턴 즉, 올바른 습관을 들이는 것이 매우 중요하다.

행동, 즉 실천은 실수를 동반할 수도 있다.
그러나 행동하지 않으면 성공할 수 없다.
돈을 벌고 부자가 되는 과정에서
당신이 할 수 있는 최악의 실수는 아무것도 하지 않는 것이다.

연은 바람의 저항 때문에 더 높이 날 수 있다.
비행기가 활주로에서 이착륙하는 모습을 보면 신기하지 않은가?
저렇게 큰 비행기가 하늘을 날 수 있다니….
비행기도 공기의 저항 때문에 하늘을 날 수 있다.
저항이 없다면 우리는 성장하거나 성공할 수 없다.

우리가 실수, 실패, 고통이라고 부르는 요소들은 우리를 더 성장시킨다.
다른 사람들의 비난마저도 우리를 더 성장시킬 수 있다.
우리가 비록 부정적인 언어로 부르지만,
이 요소들은 축복의 씨앗이고 성장의 밑거름이다.

하루 동안 자신이 하는 행동을 기록하여 살펴보면,
그 행동이 자신이 부자가 되는 데 얼마나 도움이 되는 행동인지
쉽게 분석할 수 있다.
매일 성공을 향한 이런 작은 행동들이 모여서
결국 성공에 이르고, 부자가 되고, 당신이 원하는 삶을 만든다.
조금 돈을 모으거나 약간 성공을 거두게 된 후,
혹은 어느 정도 부자가 된 후
당신의 생각과 말과 행동을 다시 점검해 보자.
당신을 그 정도의 부자가 되게 해 준 바로 그 생각과 말과 행동이
당신이 더 부자가 되는 것을 방해할 수도 있다.

그러면 자신의 생각과 행동을 다시 수정 보완해서 질을 높여야 한다.
똑같은 생각과 행동을 반복하면서
오늘과는 다른 미래의 풍요를 기대한다면 과연 이룰 수 있을까?

나에게 경제적, 재정적 도움이 될 행동들을 기록해 보자.

_____

_____

_____

습관

우리가 반복적으로 하는 말과 행동뿐만 아니라
생각하는 방식에 따라 습관이 굳어진다.
일종의 경향성이 생기는 것이다.

앞에서 언급했듯이 우리 뇌는 무의식적으로 결정하고 판단하는
경향이 있다.
의식적으로 생각하고 판단하는 데 많은 에너지가 소모되기 때문이다.

일단 어떤 경향성이 생기면 계속 반복 작업이 이루어져
에너지 소비를 최소화하게 된다.
그래서 올바른 경향성, 즉 올바른 습관을 형성하는 것은
우리 삶에서 매우 중요하다.

생각하는 습관, 말하는 습관, 약속을 지키는 습관,
식습관, 수면 습관, 공부 습관, 일할 때의 습관, 돈에 대한 습관….
우리 삶의 대부분은 습관으로 이루어진다.

돈을 벌지 못하거나 실패하는 사람에게는 공통점이 있다.
그중 하나가 나쁜 습관들을 가지고 있다는 것이다.
내가 가지고 있는 돈과 관련된 나쁜 습관은 어떤 것이 있는가?

   1. 자신이 버는 돈보다 더 많은 돈을 쓴다.
   2. 저축을 하지 않는다.

3. 돈을 모으는 기쁨은 알지 못하고, 돈을 쓰는 기쁨만 안다.

4. 카드, 할부 등을 통해서 미래의 소득을 소비한다.

5. 투자가 아닌 소비를 위해서 빚을 낸다.

6. 자신의 수입과 지출을 정확히 알지 못한다.

7. 사용하지 않는 물건을 많이 가지고 있다.

자신이 가지고 있는 돈에 대한 '좋은 습관'과 '나쁜 습관'을 기록해 보자.

내가 가지고 있는 좋은 습관

내가 가지고 있는 나쁜 습관

Day 25

행복한 부자의 네 가지 가치

Four Values of the Rich Who Are Happy

네 가지 가치가 충분해야만
행복한 부자로 살아갈 수 있다.
다른 가치를 손상시키면서 물질적 가치를 추구한다면
단순히 돈많은 부자는 될 수 있어도
행복한 부자는 될 수 없다.

행복한 부자의 네 가지 가치

이 책의 제목은 <머니트레이너닷컴! 제1편 부자 되기는 과학이다>다.
단순히 정보 전달의 목적도 있지만,
한 걸음 더 나아가서 궁극적으로 당신이 부자가 되도록
트레이닝 하는 데 그 목적이 있다.

당신이 이 책을 읽는 동안 단순히 정보를 얻는 데 그치지 않고
당신만의 책을 만들어 당신의 삶이 정말로 변화되는 계기로 삼기를
바란다.
그러기 위해서는 자신의 생각을 정리하고 적어 보는 과정이
필수적이다.

부자의 정의는 개인마다 다르다.
나에게 부자란 무엇을 의미하는지 스스로 정의해 보자.

예) 시간적, 경제적, 공간적으로 자유로우며
돈에 대해 걱정할 필요가 없고 수동적 수익(passive income)으로
행복한 생활을 누릴 수 있는 상태,
수동적 수익이 지출보다 큰 상태다.

내가 정의하는 부자란?

_____

_____

_____

> 66
>
> **근심없고 자비로운 삶을 살고 있지 않다면
> 은행 잔고가 아무리 많더라도
> 여전히 가난할 뿐이다.**
>
> 디팩 초프라 [a]
>
> 99

이 책에서 말하고자 하는 부자의 정의는
'풍요로운 가치를 가진 사람'을 의미한다.

행복한 부자가 되기 위해서 어떤 가치를 가져야 할까?
여기에서는 네 가지 가치로 나누어서 살펴보기로 하자.

「 행복한 부자가 되기 위한 네 가지 가치 」

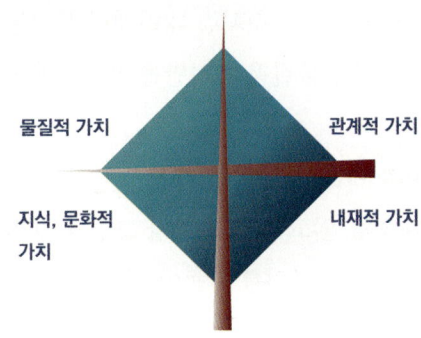

「 행복한 부자의 4단계 」

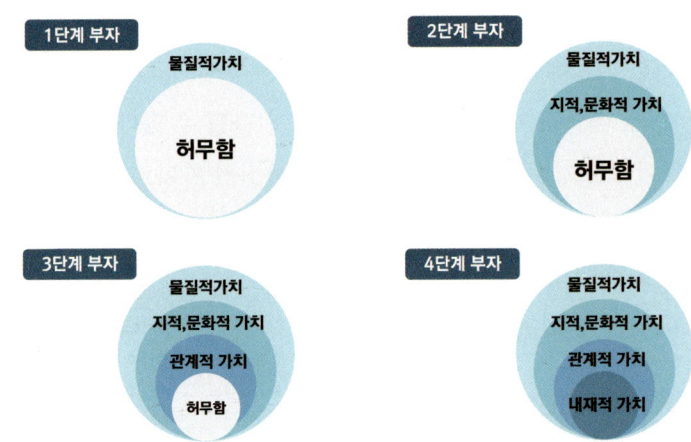

첫 번째: 물질적 가치
사람들이 보통 돈이라고 부르는 물질적 가치이다.
사람들은 대부분 단순히 돈만 많으면 부자라고 생각한다.

사람들이 물질적 가치에만 초점을 맞추고 있기 때문에
물질적 가치인 돈만 많으면 부자라고 인식하는 것이다.
하지만 이 가치 하나로는 행복한 부자가 될 수 없다.
나머지 세 가지의 가치 없이 물질적 가치만을 추구한다면
목이 마를 때 바닷물을 마시는 것처럼 내면에서 생기는 허무함을
채울 수 없기 때문에 계속 물질적 가치만을 추구하게 되는 것이다.

두 번째: 지적 가치와 예술적, 문화적 가치
우리가 공부하거나 책을 읽고 시를 쓰거나 그림을 그리는 등의 행위는
모두 지적, 문화적, 예술적 가치를 만들어 낸다.
지적, 문화적, 예술적 가치는 쉽게 물질적 가치로 전환될 수 있다.
공부를 열심히 해서 지적 가치를 높이고 좋은 대학을 졸업한다면,
좋은 직장이나 직업을 선택하고 물질적 가치를 더 많이 획득할 수
있는 유리한 위치에 설 수 있게 된다.
각종 문화적, 예술적 가치도 물질적 가치로 전환될 수 있다.
예술가들이 오로지 예술적, 문화적 가치를 물질적 가치로 바꾸기
위해서만 예술 활동이나 문화 활동을 하는 것은 아니지만
예술과 문화의 창의성과 희소성 때문에
뛰어난 예술적, 문화적 가치는 막대한 물질적 가치를 가지게 된다.

세 번째: 관계적 가치
부자가 되는 것이 인생의 목표라고 말하는 사람들이 80% 이상이나
된다고 한다.
또한, 부자가 되려는 이유를 행복한 삶을 위해서라고 말한다.
여기서 사람들이 말하는 부자란 물질적인 부자를 의미할 것이다.

사람들은 행복한 삶을 위해서
물질적 부자가 되는 것만을 생각하는 경향이 있다.
행복한 삶의 비밀을 파악하기 위해 1938년부터 2013년까지
75년 동안, 724명의 남성을 추적, 조사한 하버드 그랜트 연구®가
있다.
피실험자들은 하버드 대학 2학년 학생그룹과 비교 그룹인 보스턴
빈민촌의 청년들로 구성되었다.
그들은 각각 공장 인부, 변호사, 의사, 벽돌공, 그리고 미국 대통령으로
성장했고, 90세가 넘은 지금까지 60명 정도가 생존하고 있다.
일생 동안 조사한 이 연구의 결과로 알아낸 행복한 삶의 비밀은
좋은 인간관계였다.
가족, 친구, 사회 공동체와의 관계가 정신적, 육체적 건강뿐만 아니라,
뇌 건강에 영향을 미칠 만큼 중요했다.
인간관계의 질이 행복한 삶과 건강한 삶의 핵심 요소인 것이다.

사람은 남들과 가치를 공유하고 비교함으로써 행복을 느낀다.
다른 사람들과 아무런 관계없이 혼자 살아가야 한다면
돈이 무슨 의미가 있을까?

부부 관계, 자식 관계, 친척 관계, 친구 관계,
사회 구성원들과의 관계 등,
우리는 수많은 사람들과의 관계로 얽힌 사회 속에서 살아간다.
이런 관계 가치를 무시하거나 해치면서까지 획득하는 물질적 가치가
우리를 물질적으로 부유하게 해 줄지는 몰라도
행복하게 해 주지는 못한다.

다른 사람에게 건네는 밝은 미소, 따뜻한 눈빛, 친절한 말 한마디,
이런 관계 가치들도 물질적 가치로 전환될 수 있다.
물론 처음부터 마음속으로 계산하고 이런 행동을 하는 것은 아니다.
하지만 우리가 다른 사람에게
이런 관계 가치를 지속적으로 전해 준다면
분명 이러한 관계 가치는 물질적 가치로도 바뀌어서 돌아온다.

네 번째: 내재적 가치

자기 내면의 가치가 높은 사람은 혼자서도 외롭지 않으며 허무하지
않다.
세상 모든 사람을 속여도 자기 자신은 속일 수 없다.
자신과의 약속을 어기거나 남을 속이는 말과 행동은
결국 자신의 내재적 가치를 손상시키는 행위이다.
우리는 어릴 적부터 악당은 결국 정의를 이길 수 없다는
이야기와 만화 등을 듣고, 보며 자라 왔다.

우리의 무의식 속에는 '나쁜 행동을 하면 벌을 받는다'는
생각이 뿌리 박혀 있다.
그래서 나쁜 행동을 하고 남을 속이면, 그 순간은 넘어갈 수 있어도
스스로가 무의식적으로 잘못임을 인지하고 있기 때문에
말과 행동에서 점점 에너지가 사라진다.
눈빛이 변하고, 삶에 에너지가 사라지고, 사람들이 멀리하게 된다.
성공과 풍요와 멀어지고 결국 행복한 삶을 살 수 없게 된다.

풍요로운 삶을 위한 네 가지 가치를 간단히 살펴보았다.
네 가지 가치가 충분해야만 행복한 부자로 살아갈 수 있다.

우리 주위에서 흔히 문제시 되는 부자들은
물질적 가치나 지적 가치와 같은 일부의 가치만 추구하는 사람들이다.
이런 사람들은 결코 행복한 부자가 될 수 없다.
다른 가치들을 손상시키면서 물질적 가치만을 추구한다면
단순히 돈 많은 부자는 될 수 있어도 행복한 부자는 될 수 없다.

Part 3. 성공할 때까지 지속하면 성공한다

Day 26

아무리 높은 목표라도 자신감이 있다면 성취할 수 있다

No Matter How High Your Goal Is
You Can Achieve It
If You Have Inner Confidence

당신의 내면에 그 목표를 이룰 수 있는 씨앗을 품고 있는 것이다.
그 목표를 계속 가지고, 계속 간절히 바라고 생각한다면,
당신이 생각하지 못한 기회가 하나둘 생기는 것을 경험할 수 있을 것이다.

아무리 높은 목표라도
내면의 자신감이 있다면 성취할 수 있다

> **Boys be ambitious!**
> W. S. 클라크®

"Boys be ambitious."

영어를 배울 때 가장 먼저 배우는 문장 중 하나다.
목표를 정할 때 높이 정할 것인가? 현실적으로 정할 것인가?
스스로 목표를 정할 때 어떤 기준을 가지고 정할 것인가?

그 답은 자신의 내면에 있다고 생각한다.
지금 자신의 현실이 아무리 초라하다 하더라도
높은 목표를 정했을 때
스스로 이룰 수 있다는 느낌이 든다면 괜찮다.
당신의 내면에 그 목표를 이룰 수 있는 힘이 있는 것이다.

지금 당장은 어떻게 그 목표를 이룰 수 있을지
방법을 알지 못한다고 해도 상관없다.
스스로 자신의 원대한 꿈을 이룰 수 있다는 자신감이 든다면
당신의 내면에 그 목표를 이룰 수 있는 씨앗을 품고 있는 것이다.
그 목표를 계속 가지고, 계속 간절히 바라고 생각한다면,
당신이 생각하지 못한 기회가 하나둘 생기는 것을 경험할 수 있을
것이다.
나도 이런 경험들을 여러 번 했다.
전혀 생각지도 못한 곳에서 도움을 받고 기회가 생겼다.

아무리 현실적인 목표를 설정했다고 할지라도
자신의 마음속에서 그 목표를 이룰 수 있다는 느낌과 자신감이 없다면
결코 그 목표를 이룰 수 없다.
어떤 목표를 설정할 때
아무리 높은 목표라 할지라도 내면의 자신감이 있다면
현재의 상황에 관계없이 당신은 그 목표를 이룰 수 있다.

자신의 목표를 설정해서 글로 적어 놓고
매일 반복해서 외치고, 또다시 목표를 글로 반복해서 적어 보자.
그 목표를 잘 보이는 곳에 붙여 두고
타인에게 자신의 목표를 말하는 것도 좋은 방법이다.
다른 사람들이 당신을 이상한 사람이라고 생각하더라도
상관할 필요도 없다.
다른 사람이 발산하는 부정적 에너지조차도
당신이 마음먹기에 따라서는 긍정적인 에너지로 작용할 수 있다.

24살의 어린 사장이 다른 회사의 창고를 빌려서 사무실로 쓰는
작은 회사를 차렸다.
창업한 지 며칠 밖에 되지도 않았다.
이 사장이 아르바이트 직원 2명을 모아 놓고 나무 상자에 올라가
연설했다.
"5년 이내에 1,000억 원, 10년 이내에 5,000억 원, 언젠가는 수십조
원의 매출을 내고 수만 명이 일하는 회사를 만들 거라"고….
만약 당신이 이 연설을 듣는다면 어떤 생각을 할 것 같은가?
젊은 사장이 자아도취가 심하고, 과대망상을 한다고 생각할 것이다.
당연한 생각이다.
하지만 그렇게 말하는 사람의 마음 속에 확신이 있고,
간절함이 있다면 그 꿈은 반드시 이루어질 것이다.
행운도 따르게 된다.

아르바이트 사원 2명에게 연설하던 24살 젊은 사장이
지금 일본의 제일 부자 중 한 사람인 손정의 회장이다.
젊은 시절의 손정의가 1981년 3월 창립한 이 작은 회사는
2017~2018년 결산 기준, 매출 9조 1587억 엔으로
일본 재계 8위의 소프트뱅크란 회사다.
손정의 회장의 개인 재산은 219억 달러로,
한화로는 약 28조 원 정도나 된다.

당신의 현실이 아무리 초라할지라도
당신의 가슴속에 확신과 간절함이 있다면 꿈을 이룰 수 있다.

젊은 손정의 역시 내면에 그런 자신감과 확신을 가지고 있었을
것이다.
그리고 그 내면의 자신감과 확신이 손정의의 목표를 현실로 만들었다.

그러므로 여러분이 어떤 목표를 설정하든,
얼마나 높은 목표를 설정하든
여러분의 내면에 그 목표를 이룰 수 있는 열쇠가 있다.

Day 27

경제적 풍요를 위한 환경을 만들어라
Create an Environment for Economic Abundance

의지력이 중요한 것은 사실이지만
부자가 되는 과정을 의지력 하나에만 의존하지 말고
전체적 환경, 부분적 환경, 사물과 공간의 관계 환경,
사람과의 관계 환경 등을 이해하고 이런 방법들을 잘 활용한다면,
보다 쉽게 풍요로운 삶과 부를 향해서 나아갈 수 있다.

경제적 풍요를 위한 환경을 만들어라

우리가 하루에 쓸 수 있는 의지력은 제한되어 있다.

오늘 과도하게 의지력을 써 버리면
내일 써야 할 의지력이 부족해질 수 있다.
의지력을 너무 과도하게 쓰면 더 이상 의지력을 발휘하지 못하고
무기력증에 빠지는 '번 아웃 증후군(burnout syndrome)'[⑧]이 나타날
수 있다.

점심 메뉴 같은 사소한 결정이나 헬스장에서 운동을 할 때,
비즈니스에서 중대한 업무를 처리할 때에도
우리는 동일한 의지력을 사용한다.

우리의 뇌에서 분비되는 세로토닌이라는 호르몬은
의지력과 관계가 깊다고 한다.
하루 동안의 의지력을 어떻게 관리할 것인가?
공부를 하는 학생이나 중요한 업무를 처리해야 하는 직장인이나
자기 개발을 하는 사람이라면,
의지력이 가장 강력할 때인
잠에서 막 깨어난 뒤의 몇 시간을
얼마나 효율적으로 관리하는지가 매우 중요하다.

학생들의 경우를 살펴보면
가장 의지력이 강력한 시간을 아무 생각없이
세수하고, 밥을 먹고, 차를 타고 학교에 가는 등, 일상적인 일로
보낸다.
의지력이 가장 강력하고 머리가 가장 맑은 이 시간에
공부 시간을 확보하거나,
중요한 업무에 집중할 수 있는 시간을 확보하거나,
자신이 발달시키려고 하는 어려운 일들에 시간을 집중 투자하면
삶이 달라진다.
설거지 하는 일, 헬스장에 가는 일 등은 조금 나중으로 미루어도 된다.
삶에서 가장 중요하다고 생각되는 것에 일어나자마자 몇 시간을
투자해라.

하지만, 의지력이 만병통치약은 아니다.
몇 가지 예를 보자.

당신이 외국어 공부를 하고 있다고 생각해 보자.
매일 의지력을 가지고 몇 시간씩 외국어 공부에 매진한다.
하지만 이보다는 시간을 내서 그 언어를 말하는 나라로 가서
1년 정도 환경을 바꿀 수 있다면
당신의 목표를 이루는 속도와 질은 달라질 것이다.
생존 필요성에 의해 언어 습득의 결과는 많은 차이가 생긴다.

이렇게 전체적인 환경을 바꿀 수 없다면 부분적이라도 환경을 바꾸어 보자.
도서관이라는 공간은 많은 사람이 책을 보고 공부를 하는 곳이다.
따라서 도서관에 가게 되면 자연스럽게 책을 볼 가능성이 높아진다.
부자가 되는 것도 비슷하다.
비슷한 목적을 가진 사람들과 어울릴 수 있는 환경을 만들 수 있다면
부자가 될 가능성이 더 높아질 것이다.
의지력만을 가지고 무엇인가를 이루려고 하지 말고
의지력이 적게 발휘되어도 이룰 수 있는
환경을 만드는 것에도 노력을 기울여야 한다.

자신의 의지력을 보다 효율적으로 사용하는 방법 중 하나로
사물과 공간과의 관계 환경도 다시 설정해 보자.

만일 여러분이 직장에서 돌아와서
소파에서 누워 TV를 보면서 맥주에 감자칩을 자주 먹었다면
그 소파를 볼 때마다 TV와 맥주, 감자칩이 쉽게 머리에 떠오를 테고
그 유혹을 뿌리치기 위해서는 강한 의지력이 필요할 것이다.

더욱이 직장에서 피곤한 일이 많았다면
여러분은 그 유혹을 참아 내지 못할 가능성이 크다.
그러므로 처음부터 이런 습관에 빠지지 않는 것이 중요하다.
만일 이런 좋지 않은 습관이 있다면
소파와 관계 환경을 새롭게 바꾸어야 한다.
소파와 TV의 위치를 바꾸거나,
아예 소파를 없애 버리는 것도 하나의 방법이다.

단순히 의지력만 가지고 모든 문제점을 해결할 수 없기 때문에
사물이나 공간과의 관계 환경을 변화시켜서
새로운 생각이 떠오르게 해야 한다.
나쁜 습관을 유발하는 생각이 떠오를 수 있는 환경을 바꾸어
의지력을 효율적으로 사용해야 한다.
침대에 누워서 TV도 보고, 책도 보고,
휴대전화도 하면서 많은 업무를 처리한다면
당신의 침대는 단순히 잠을 자기 위한 공간이나 사물이 아니다.
침대에서 보다 쉽게 잠을 자려면, 침대와의 관계를 다시 설정해야
한다.
잠자는 행동을 제외한 다른 모든 행동은 다른 곳에서 하고
침대와의 관계는 오직 잠 하나로 다시 설정해야 한다.
그러면 침대에 누웠을 때 보다 쉽게 잠을 이룰 수 있다.

당신 주위 사람들과의 관계도 마찬가지다.
사람은 자신과 비슷한 사람에게서 편안함을 느낀다.
직장이나 가족 관계는 쉽게 바꿀 수 없다.

하지만 친구 관계나 취미 활동, 무엇인가를 배우는 모임은
자신의 의지에 따라 변화시킬 수 있다.
전체적인 관계 환경은 아니더라도 부분적인 관계 환경은 변화시킬 수
있다.

의지력이 중요한 것은 사실이지만
부자가 되는 과정을 의지력 하나에만 의존하지 말고
전체적 환경, 부분적 환경, 사물과 공간의 관계 환경,
사람과의 관계 환경 등을 이해하고 이런 방법들을 잘 활용한다면,
보다 쉽게 풍요로운 삶과 부를 향해서 나아갈 수 있다.

의지력과 더불어서
경제적 풍요를 이루는 데 도움이 되는 환경을 스스로 만들어라.

Day 28

비가 오는 것도, 눈이 내리는 것도 나의 책임이다

It Is My Responsibility, Come Rain or Shine

모든 책임을 떠맡으려는 자세야말로 기적을 만들어 내는 근본이다.

책임을 지는 사람만이 인생을 제대로 살 수 있다.

변명하려고 애쓰는 순간, 당신의 발전 가능성은 급격히 저하될 것이다.

다른 사람을 비난하는 순간, 진정한 패배자가 된다.

변명하는 일에 주의집중하면 변명하는 기술이 발전할 것이다.

반면 부를 창출하는 일에 초점을 맞추면 부가 증가할 것이다.

비가 오는 것도, 눈이 내리는 것도
나의 책임이다

> "나에게 발생하는 모든 일은 나의 책임이다."

스스로는 변하지 않으면서
세상을 변화시켜서 자신에게 세상을 맞추려는 사람이 너무나 많다.
자신이 변하려 하기보다 세상을 변화시키려 투쟁하는 것이다.
그들에게는 세상을 바꾸는 것이 자신을 바꾸는 것보다 쉬운 일이다.
얼마나 어리석은 생각인가?

불만스러운 환경에 대해서 불평을 쏟아놓으며
자신의 실패를 다른 사람 탓으로만 돌린다면,
자신은 변할 필요가 없다.
자기 잘못이 아니고 세상의 잘못이므로,
자신을 바꾸기보다 세상을 바꾸려 한다.

이런 사람에게는 자신을 바꾸기보다 세상을 바꾸는 것이 더 쉬운 일인 것이다.
비가 오는 것도, 눈이 내리는 것도 나의 책임이다.
모든 책임을 떠맡으려는 자세야말로 기적을 만들어 내는 근본이다.
책임을 지는 사람만이 인생을 제대로 살 수 있다.

변명하려고 애쓰는 순간, 당신의 발전 가능성은 급격히 저하될 것이다.
다른 사람을 비난하는 순간, 진정한 패배자가 된다.
변명하는 일에 주의집중하면 변명하는 기술이 발전할 것이다.
반면 부를 창출하는 일에 초점을 맞추면 부가 증가할 것이다.
변명하는 패배자와 경제적 시간적으로 자유롭고 부유한 사람 중 한 사람을 선택하라.

자신이 변하지 않으면 현재 일어나는 상황이 반복해서 자신에게 일어난다.
유심히 관찰해 보라. 같은 패턴이 반복된다.

당신이 가난한 집안에서 태어나서
가난을 물려받고, 배우지 못하고, 몸까지 건강하지 못하다고 상상해 보자.
머릿속에 이미지를 선명하게 그려 보자.
어떤 느낌이 들고, 어떤 생각이 드는가?
그 이미지를 떠올리며 자신의 느낌과 감정, 생각을 구체적으로 적어 보자.

이와 같은 어려운 상황에도 남다른 생각을 한 일본의 경영자가 있다.
일본에서 경영의 신이라 불리는 마쓰시다 고노스케(松下幸之助)ⓡ다.
그는 말했다.

"나는 가난이라는 축복을 받아서 부지런해졌고, 부에 대해 갈망하게
되었다. 못 배웠다는 축복을 받아서 내가 만나는 모든 사람에게
배우려고 노력했고, 배움의 소중함을 절실히 깨닫게 되었다. 몸이
약하다는 축복을 받아서 어려서부터 건강의 소중함을 알게 되었다."

같은 상황을 두고 어떻게 반응하고 대응하는지에 따라
결과는 전혀 달라질 것이다.
오래전 인류가 멸종 위기에 놓여 아프리카에 수천 명의 사람만이
생존했던 때가 있었다고 한다.
그 선조들의 DNA가 수많은 재난과 전쟁과 질병을 극복하고
여러분들에게 전달된 것이다.
그 생존 확률을 계산해 보면 기적에 가깝다.
여러분이 지금 이곳에 존재하는 자체가 기적이고 감사한 일이다.
태어나자마자 죽거나 어른이 되지 못하고 죽은 경우가 아닌,
지금 어른이 되어 있는 우리는 축복을 받은 것이다.

어떤 누구의 도움도 받지 않고 스스로 나아가리라 결심하라.
스스로 모든 책임을 지겠다는 결심을 하고,
이후에 찾아오는 도움은 감사하게 받아라.
모든 일에 감사하면
세상이 달라지기 시작한다.

Day 29

성공할 때까지 계속하면 성공한다
Success Will Come If You Keep on Going

어떤 행동이든 지속하는 동안 자신의 마음과
본능의 뇌와 감정의 뇌가 하는 변명과 핑계를 관찰할 수 있을 것이다.
변명과 핑계의 유혹에 넘어가지 않고
자신의 발전을 위해 자신과 약속한 행동을 지속할 수 있다면,
당신의 절제 능력은 한 단계 더 도약할 것이며
궁극적인 풍요와 행복에 가까워질 것이다.

성공할 때까지 계속하면 성공한다

당신의 인생에서 무엇을 하든
자신의 발전을 위해서 자신과 약속하고
3년 이상 그 약속을 지속한 경험이 있는가?

나의 경우는 순간적으로 화내는 마음을 다스리기 위해
1,000일 동안 하루도 빠짐없이 24시간 안에 108배를 하기로 결심하고
자신과의 약속을 지킨 적이 있다.
이런 마음을 먹게 된 이유는 같이 일하는 동료와 직원들에게
소리를 지르지 않기 위해서였다.
내가 소리를 지르는 원인을 타인이 제공했다 하더라도
결국 화가 나서 소리를 지르는 것은 나 자신이다.

화 기운에 사로잡혀 이성이 사라지고
화 기운이 나의 주인이 된다면
나에게도, 동료나 직원들에게도 크나큰 손실이다.
어떤 일이 일어나도 쉽게 흥분하지 않고 침착하게 대응하기 위해서는
자신을 절제하는 노력이 무엇보다 중요하다.

물론 나도 굳게 마음을 먹었지만 한 번에 3년 이상을 지속할 순
없었다.
처음에는 20일을 하다가 멈추게 되고,
50일 하다가 멈추게 되고, 100일 하다가 멈추게 되고,
그러다가 어느 순간 1,000일을 넘게 단 하루도 빠지지 않게 되었고
스스로 한 약속을 지킬 수 있게 되었다.

1,000일 동안 매일 108배를 해 보면,
108배를 못하겠다는 변명의 마음이
하루에도 수 없이 만들어지는 것을 지켜볼 수 있었다.
'108배를 하면 무릎이 상한다.'
'오늘은 너무 피곤하다.'
'이것은 시간 낭비다.'
'할 만큼 했다.'
이렇게 108배를 하지 말아야 하는 변명들이 끝도 없이 매일 떠오른다.

마음의 움직임과 마음의 변명을 관찰하는 것은
마음대로 살거나 마음에 따라 사는 것이 아니라,
뜻에 따라 살고 의지에 따라 사는 삶의 가장 기본이 되는 것이다.

뇌 과학적으로 살펴보면,
궁극적으로 행복한 삶이란
본능의 뇌와 감정의 뇌에 따라서
일시적인 만족과 쾌락을 즐기는 순간적인 삶을 살지 않고,
이성의 뇌에 따라 본능, 감정, 이성이 균형 잡힌 삶을 사는 것이다.

목표를 정해서 어떤 행동을 장기간 지속해 보자.
어떤 행동이든 지속하는 동안 자신의 마음과
본능의 뇌와 감정의 뇌가 하는 변명과 핑계를 관찰할 수 있을 것이다.
변명과 핑계의 유혹에 넘어가지 않고
자신의 발전을 위해 자신과 약속한 행동을 지속할 수 있다면,
당신의 절제 능력은 한 단계 더 도약할 것이며
궁극적인 풍요와 행복에 가까워질 것이다.

우선 아주 작은 습관부터 시작해 보자.
하루에 팔굽혀펴기 1개 하기,
하루에 영어단어 1개 외우기,
매일 천 원씩 저금하기,
매일 윗몸일으키기 1개 하기,
매일 목표한 것을 1번씩 큰 소리로 말하고 쓰기….
아무리 작은 습관이라도 오랫동안 계속하기 쉽지 않음을 알게 될 것이다.

만약 이렇게 작은 습관에서 지속력이 생기면
조금 더 어려운 습관을 만들어 보자.

예를 들어,
매일 교회나 성당에 가서 10분 동안 기도하기
매일 참선이나 명상을 10분 동안하기 등….
일정 시간 동안 몸과 마음을 함께 다스리는 훈련은 더욱 지속하기
어렵다.
특히 몸과 마음을 '움직이는 훈련'보다
몸과 마음을 '움직이지 않는 훈련'이 더욱 어렵다.

그렇기 때문에 움직이지 않는 훈련이
몸과 마음을 다스리는 데에는 효과가 더 크다.
무언가를 지속하는 능력은 풍요와 행복에 다가가는
가장 기본적인 요소 중 하나이다.

어떤 일은 성공할 때까지 지속하려면 자신의 의지력만 있으면 된다.
하지만 장사나 사업에서 자신이 원해서 성공하기까지
지속시키려 해도 운영비용이 없다면 지속할 수 없다.
그러므로 장사나 사업을 시작할 때는
최소한의 운영비용이 드는 것을 선택하는 것이 유리하다.
자신이 성공할 것이라고 예상한 시간보다
최소 3배이상의 시간이 더 필요할 것이다.
또한 자신이 예상한 투자금의 3배 이상의 비용이 더 필요할 것이다.
가능한 돈을 쓰지 말고 자신의 지식과 지혜를 써라.

성공할 때까지 지속하라는 말은
단순히 버티라는 말이 아니다.

성공을 하기 위해서 가능한 한 모든 것을 다 하면서
지속하라는 뜻이다.
지혜를 발휘하면서 지속하라는 뜻이다.
올바른 길을 선택했다면, 이렇게 성공할 때까지 지속하라.
결국 성공하게 될 것이다.

Day 30

좋아하는 일을 해야 할까?
잘하는 일을 해야 할까?

Should You Do What You Like,
or Do What You Are Good at?

싫어하는 일, 해야만 하는 일들을 하는 동안
우리가 좋아하는 일과 우리가 잘하는 일이 더욱 빛날 수 있다.
어둠이 있기에 밝음이 더 빛난다.

좋아하는 일을 해야 할까?
잘하는 일을 해야 할까?

우리는 삶을 살아가면서 수많은 선택의 순간을 맞닥뜨린다.
A인가 B인가?
이런 양자택일의 순간 우리는 생각하고, 고민하고
주위 사람의 의견을 듣는다.
이런 선택의 순간에 고려해야 할 것은,

첫 번째, A 혹은 B라는 양자택일식 생각의 틀을 깨는 것이다.
우리가 살아가는 세상에는 꼭 A 혹은 B 둘 중 하나의 선택만 있는 것은 아니기 때문이다.
좋아하는 일과 잘하는 일도 정확히 구분되지는 않는 경우가 많다.
좋아하는 일과 잘하는 일이 완전히 겹치지는 않는다고 할지라도,

어느 정도 겹치는 새로운 분야의 일을 찾아내는 것도 대안이 될 수 있다.

두 번째 고려해야 하는 것은 변덕이다.
우리 마음은 수시로 바뀐다.
결혼식에서 '나는 이 사람과 이혼할 것이다.'라고 생각하면서
결혼 서약을 하는 부부가 과연 있을까?
좋아하는 마음도 변하는 것이다. 마음은 늘 바뀐다.
지금은 좋아한다고 할지라도,
그 좋아하는 일이 직업이 되고, 반복되고, 일상이 되면
좋아하는 마음도 바뀔 가능성이 크다.
그러므로 취미로 좋아하는 것과
직업이 되었을 때 좋아하는 것은 별개의 문제이다.

세 번째 고려해야 할 부분은
내가 잘한다는 일에서 과연 얼마나 뛰어난가 하는 것이다.
어려서는 그림이나 음악에 뛰어나다는 이야기를 곧잘 듣고
대회에 나가서 상도 많이 탔지만
시간이 지나고 성장하는 동안
그 능력이 그리 대단하지 않음을 깨닫는 경우가 많다.

그러므로 내가 좋아 하는 일을 선택하든, 내가 잘하는 일을 선택하든
중요한 것은 선택의 문제가 아니고, 지속의 문제이다.
좋아하는 일이든 잘하는 일이든 10년, 20년 멈추지 않고 지속해 보면
내가 얼마나 좋아하는지 내가 얼마나 잘하는지 드러나게 된다.

이렇게 지속하기 위해서
가끔은 싫어하는 일도 하고,
어떤 때는 해야만 하는 일을 해 가면서
조금씩 우리가 좋아하는 일과 우리가 잘하는 일들로
우리의 삶을 채우는 편이 좋다.

오랜시간 지속하다 보면 자신이 좋아하는 일과 잘하는 일에 대한
진정성과 객관성이 드러난다.

어려서부터 평생 자신이 좋아하고 잘하는 일만 하면서 사는 사람이
과연 얼마나 있을까?
예외적인 경우도 있지만,
보통은 싫어하는 일, 해야만 하는 일들을 하는 동안
우리가 좋아하는 일과 우리가 잘하는 일이 더욱 빛날 수 있다.
어둠이 있기에 밝음이 더 빛난다.
이런 부분을 고려하고, 양자택일식 사고의 틀에서 벗어나서
다각적으로 생각하고 판단해야 한다.
개인마다 능력과 처한 환경이 다르므로
하나의 답만 단정적으로 말할 수 없다.
사고의 틀을 깨고 생각하는 훈련이 필요하다.

Day 31

자신만의 창의적인 시간과 공간을 찾아라

Find Your Own Time and Place to be Creative

돈을 가지고 할 수 있는 가치 있는 일 중 한 가지는
시간을 절약하고 시간의 질이 향상되는 것이다.
여러분은 지금 이미 죽고 없는 세계적인 부자가
수십조 원을 주고도 살 수 없었던 시간을 가지고 있다.

자신만의 창의적인
시간과 공간을 찾아라

자신이 가장 창의적으로 일할 수 있는 시간과 공간을 찾아야 한다.
당신이 가장 창의적인 일을 할 수 있는 시간은 언제인가?

나의 경우는 아침에 일어나자마자 2~3시간 책을 읽는다.
아침에 잠자리에서 일어났을 때 머리가 가장 맑기 때문에
일어나자마자 세수도 하지 않고 바로 책을 읽는다.
아침에 잠에서 깨자마자 몇 시간은 나에게 가장 소중한 시간이다.

내가 창의적으로 일을 할 수 있는 또 다른 시간과 공간은
비행기를 타고 있을 때이다.
비행 시간 동안에는 할 일이 별로 없다.

책을 읽거나 글을 쓰는 것이 전부다.
어느 책에선가 비행기 비즈니스석과 일반석의 차이는
신문이 경제지인지, 스포츠 신문인지의 차이라고 한다.
비즈니스석의 요금은 일반석의 2배 이상이다.
세계적인 대기업 회장 중에는 일부러 일반석만 타고 다니는 사람도
있다.
그러나 장기간 비행을 해야 하는 외국 출장 시,
좁은 공간에서 오랜 시간 동안 책을 읽고 나면 피로와 스트레스가
쌓인다.
그래서 나는 몇 년 전부터 외국 출장 시에는 요금이 비싸도
비즈니스석을 이용한다.
일반석의 2배나 되는 돈이 아깝지만,
비행 시간이 피로한 시간에서 창의적인 시간으로 바뀌었다.
이 책의 많은 부분도 비행 시간에 쓴 것이다.
비행 시간에 내가 창의적인 업무를 할 수 있고, 스트레스를 덜 받아서
비행 후에도 바로 업무를 할 수 있기 때문에
비용에 비해 가치가 더 크다.
이런 돈의 지출은 낭비나 소비가 아니라 투자로 분류될 수 있다.

돈을 가지고 할 수 있는 가치 있는 일 중 한 가지는
시간을 절약하고 시간의 질이 향상되는 것이다.
청소처럼 일상적으로 반복되는 일과
창의적이지 않은 일들을 위임할 수 있다.
물론 사소한 일상적인 일도 의식적으로 한다면 그 어떤 일보다
소중하다.

나는 일상적인 일에서 절약한 시간을 좀 더 창의적인 일을 하는 데
투자하여 더 좋은 결과를 낳는 선순환이 계속되게 하였다.
물론 처음부터 이렇게 할 수 있던 것은 아니다.
20대엔 생계를 위해 공사판이나 공장에서 일도 했었고,
하루에도 아침, 점심, 저녁 시간에 서로 다른 일을 하기도 했다.

하지만 매일 매일의 작은 시간을 아껴서 책을 읽고 외국어를 공부하고
자신을 다스리기 위해 종교적 수련도 틈틈이 했다.
작은 시간이 모이고 모여 좋은 결과가 운 좋게도 나타나기 시작했다.
작은 시간을 아껴서 쓰다 보니
내가 자유롭게 쓸 수 있는 시간이 증가하기 시작했다.

이렇게 돈은 우리 인생의 가장 소중한 가치인 시간을 절약해 주고
시간의 질적 가치도 높여 준다.
어떤 세계적인 부자라도 죽기 전에
자신의 전 재산을 지불해서 10년을 더 살 수 있다면
기꺼이 그렇게 할 것이다.

여러분은 지금 이미 죽고 없는 세계적인 부자가
수십조 원을 주고도 살 수 없었던 시간을 가지고 있다.
여러분은 이 소중한 시간을 현명하고 행복하게 활용하고 있는가?
아니면, 이 소중한 시간을 무조건 돈을 벌기 위해서만 사용하고
있는가?
지금의 시간을 소중히 여기고 미래의 발전을 위해 사용한다면
더 많은 돈이 생기고, 부자가 된다.

그리고 그 돈이 여러분의 시간을 절약해 주고,
삶의 질을 향상시켜 줄 것이다.

자신이 창의적으로 일할 수 있는 시간과 공간을 찾아라.
그리고 가치가 높은 창의적인 일을 지속적으로 해 나가라.
더 많은 시간과 풍요가 당신에게 주어질 것이다.

Day 32

주위 사람에게 새로운 사업 투자에 대한 의견을 물어 볼까?

Can I Ask the People Close To Me About my Investments in New Businesses?

새로운 장사나 사업, 투자를 할 경우
돌이킬 수 없는 실패를 하지 않기 위해서는 어떤 생각을 해야 할까
아래의 3가지 질문을 꼭 해 보자.
1. 이 일을 진행했을 때 최고의 경우는?
2. 이 일을 진행했을 때 가장 있을 법한 경우는?
3. 이 일을 진행했을 때 최악의 경우는?

주위 사람에게 새로운 사업 투자에 대한 의견을 물어 볼까?

어떤 사업을 새로 시작하거나 투자를 하려고 할 때
주위 사람에게 의견을 묻는 경우가 많다.
과연 올바른 방법일까?
몇 가지 문제점을 살펴보자.

첫째, 주위 사람에게 의견을 구할 때
내 주위 사람은 나를 통해서 새로운 사업이나 투자에 대한 정보를
듣게 된다.
그 정보는 나를 통해서 나오기 때문에 객관적인 정보가 아니다.
내가 원하는 결과를 정해 두고,
나의 새로운 사업이나 투자에 대한 동의를 구하려는 행동에 불과하다.

둘째, 나와 비슷하거나 나보다 못한 경우
내 주위 사람의 경제적 지식과 지혜 또는 현재 경제적 풍요도가
나와 비슷하거나 나보다 못한 경우는 어떨까?
나의 경제적 선택에 대한 그들의 충고가
나에게는 도움이 되지 않는 경우가 많다.
그들이 착한 친구이고 나를 걱정해 주는 사람들인 것은 사실이다.
그러나 그들이 사업에나 투자에나 먼저 성공한 사람들이 아니라면,
그리고 내가 하려는 사업이나 투자 분야의 전문가가 아니라면,
내가 새로 시작하는 사업에 대해서 그들에게 의견을 구하는 것은
아주 위험한 일이다.
사업이나 투자를 하기 전에 다소 비용이 들더라도
전문가나 그 분야에 성공한 사람의 의견을 들어 보고,
깊게 생각하고 고민하는 것이 필요하다.
일단 일을 벌여 놓고, 생각하고 고민하고 전문가를 찾고 있지는
않은가?
이런 실수를 범하지 않기를 바란다.

그렇다면 새로운 장사나 사업, 투자를 할 경우
돌이킬 수 없는 실패를 하지 않기 위해서는 어떤 생각을 해야 할까?

아래의 3가지 질문을 꼭 해 보자.
1. 이 일을 진행했을 때 최고의 경우는?
2. 이 일을 진행했을 때 가장 있을 법한 경우는?
3. 이 일을 진행했을 때 최악의 경우는?

평생 모은 돈이나 퇴직금을 가지고 사업을 하거나 투자하는 경우에도
사람들은 위 세 가지 질문 중 첫 번째만 생각한다.
첫 번째 경우에 대해서만 주위에 계속 이야기해서
자신의 투자나 사업 추진을 정당화한다.
이런 식으로 반복되는 생각과 이야기는
마치 첫 번째 질문에 대한 자신의 반복적인 생각이
진실인 것처럼 뇌가 인식하게 만든다.

장밋빛 미래의 청사진과 욕심만으로 두려움 없이 사업이나 투자를
시작하는 것은 보호 장비도 없이 불 속으로 뛰어드는 것과 같다.
비즈니스 모델 분석도 없고, 투자 위험 헤지(hedge)도 없다.
실제적이고 구체적인 사고나 현실적인 분석을 하지 못하는
경우가 대부분이다.

이 일(장사, 사업, 투자)을 진행했을 때 최악의 경우는 무엇인가?
최악의 상황을 염두에 두고 리스크를 관리하는 것과
부정적으로 생각하는 것은 전혀 다른 것이다.
어떤 일을 시작할 때 우리에게 생기는 두려움은
구체적이라기보다는 안개처럼 흐릿하고 대략적인 것이다.
최악을 경우를 생각해 보고 최악의 경우를 별로 두려워하지 않는다면
우리는 실패를 두려워하지 않고 도전해 나갈 수 있을 것이다.

부양해야 하는 가족이 없는 사람과 가족이 있는 사람의 경우는
도전을 할 때 입장이 다르다.

아직 부양할 가족이 없는 젊은 사람이라면 도전이 한층 쉬울 것이다.
도전하는 동안 생활하는 데 돈이 많이 필요하지 않을 뿐더러
혹시 실패할지라도 마음적인 부분이 아니라면 큰 어려움이 아닐 수 있다.
현대 사회에서는 사업에 한 번 실패했다고 죽지 않으며
신용을 회복하고 다시 사업을 하거나 재기할 기회가 주어진다.

하지만 가족이 있는 경우라면
어떤 도전을 하기 전에 최악의 상황에서 가족이 겪게 될 고통을
고려해서 모든 것을 거는 도전은 지양하는 것이 좋다.
목표하는 바를 좀 낮추어서 리스크를 줄이거나
실패할 경우에도 다시 회복할 수 있을 정도로 자신의 욕심을 조정해야 한다.
최악의 상황을 늘 생각해 보고, 리스크는 자주 관리할수록 좋다.
시작하기 전에 생각하자.
많은 사람이 일이나 장사나 사업, 투자를 하기 전에
많은 생각을 하지 않고 일단 시작하고 생각한다.
너무나 무모하게 장사나 사업, 투자의 세계에 뛰어든다.

사실 소자본으로 할 수 있는 장사나 사업의 비즈니스 모델은
단순하다.
대부분이 소자본 요식업이거나 본사에 소속된 소자본 유통업이다.
유사 업체의 진입 장벽이 높거나 유사 업체와 비교해서 비교 우위가
아무것도 없는데 자신이 하는 장사나 사업이 잘될 것이라 믿는다.
이는 자신이 구매한 복권에 가치를 더 많이 두거나

자신이 선택한 주식이 반드시 오를 것이라 생각하는 것처럼
근거가 없고 무모한 생각이다.
착한 사람일수록 남의 말을 잘 믿는다.
자신이 남을 속이지 않으니 남도 같은 마음일 거라고 생각하기
때문이다.
프랜차이즈 본사의 말을 믿고
본사에 종속된 프랜차이즈를 아무런 생각 없이 시작한다면
불행도 함께 시작된다.
평생 모은 돈을 남의 손에 쥐어 주게 될지도 모른다.
큰 기업에서 하는 프랜차이즈의 경우도
잘되어야 본사에 종속된 시간당 노동자로 전락할 가능성이 크다.

장사나 사업이나 투자를 하기 전에
진입 장벽, 비교 우위, 리스크, 리스크 헤지 방법, 비즈니스 모델 등.
여러 가지로 생각해 봐야 한다.
그리고 자신이 하고자 하는 투자, 장사나 사업 부분에서
시작하기 전, 최소 2~3년은 경험을 쌓아야 한다.

Part 4. 종이에 쓰여진 것이 실체가 된다

Day 33

종이 위에 쓴 것은 실체가 된다

What You Write Down on Paper
Becomes Your Reality

종이 위에 쓴 당신의 생각과 말은
현실에 존재하는 실체가 된다.
매일 쓰고 또 쓰면
감사하고 행복한 삶을 살 수 있을 것이다.

종이 위에 쓴 것이 실체가 된다

종이 위에 쓴 당신의 생각과 말은 현실에 존재하는 실체가 된다.

우리는 생각을 말과 행동으로 표현한다.
우리가 하루 중 행하는 대부분의 행동은 뇌 에너지 소비를 최소화하기 위해 상당 부분 무의식적으로 이루어진다.
일상에서 무의식적 이루어지는 행동들을 제외하고
우리 자신의 발전을 위해 어떤 행동을 하는지 살펴보자.
육체의 건강을 위해서 하는 운동,
그리고 또 무엇이 있을까?
선뜻 대답하기 어렵다면 당신의 발전은 정체되어 있을지도 모른다.
자신의 두뇌를 발전시키기 위해서 하루 동안 어떤 행동을 하는가?

하루 종일 자신의 두뇌 발달을 위해서 하는 행동이 별로 없다면
어떤 행동을 해야 두뇌가 발전할 수 있을지 생각해 봐야 한다.
운동, 독서, 토론, 참선, 명상, 기도….
그리고 종이에 생각을 글로 쓰는 행동이 있다.

독서의 중요성은 이미 너무나 많이 강조되는 부분이니
여기서는 글쓰기에 대해서 이야기해 보도록 하자.

첫 번째, 원하는 것을 매일 반복적으로 써 보자.
100일 동안 하루 100번씩이나,
그 이상 자신이 할 수 있을 만큼 많이,
그리고 지속적으로 원하는 것을 매일 반복하여 써 보자.
실천하기가 결코 쉽지 않을 테지만,
자신의 의지를 강력하게 만들 수 있는 훌륭한 수련 방법이다.
자신이 원하는 것을 반복해서 쓰다 보면
자신의 다짐과 바람을 더 강력하게 만들 수 있다.

두 번째, 아침과 저녁에 각각 일기를 써 보자.
아침에, 하루를 시작하기 전에
그 날 자신이 바라는 하루의 모습을 일기로 적어 보자.
오늘 하루 어떤 일을 이룰 것이며, 오늘은 어떻게 행복한 하루를 보낼
것인지.
하루를 시작하기 전에 이렇게 아침 일기를 써 봄으로써
구체적인 그 날의 모습을 그려 볼 수 있고
그렇게 함으로써 원하는 삶의 실현 가능성을 높일 수 있다.

그리고 잠자리에 들기 전에도 하루를 정리하며 일기를 써 보자.

사람은 잠들기 직전과 아침에 일어난 직후에 가장 수동적이 된다.
잠에 빠져들기 전에는 의식이 흐려지기 시작하고,
잠에서 막 깰 때는 의식이 아직 완전히 돌아오지 않았기 때문에
수동적이 되고 무의식의 영향을 받기 쉽다.
이 순간을 잘 이용하면 당신이 원하는 것을 무의식에 각인시킬 수 있다.
일어난 바로 직후와 잠들기 바로 직전
무의식에게 자신이 바라는 것을 이야기해 보자.
미신처럼 들릴 수 있지만, 간절히 무엇인가를 바라면
이성적으로 절대 설명할 수 없는 일이
자신도 예측할 수 없는 방식으로 일어나
당신의 문제가 해결되는 것을 발견할 수 있을 것이다.

세 번째, 당신의 생각, 말, 행동을 적어 보자.
앞에서 언급했듯이,
쉽지는 않지만 매일 자신의 주요 생각, 말, 행동을 기록할 수 있다면
당신 스스로를 더 객관적으로 볼 수 있을 것이다.
문제는 지속 가능성이다.
너무 욕심을 내서 너무 세세하게 기록하지 말고
지속 가능할 정도로 기록해 보자.

네 번째, 성공 일기, 감사 일기, 행복 일기를 써 보자.
당신이 살면서 가장 성공했다고 생각하는 것을 기록해 보자.

꼭 물질적인 성공만일 필요는 없다.
결혼해서 행복한 가정을 이룬 것, 아이들이 건강한 것,
부모님을 잘 모시는 것, 좋은 친구가 곁에 있다는 것,
이런 모든 것들이 당신이 이룩한 성공이다.

어린아이에게 그날 하루 가장 감사한 일이 무엇이었는지,
또 가장 행복한 순간이 언제였는지 물어보면,
금방 대답을 한다.
"없어요."
하지만 아이들에게 설명을 하고 찾아보도록 연습을 시키면
감사한 일, 행복했던 일들을 수도 없이 말한다.

뇌는 부정적 편향성을 가지고 있기 때문에 우리가 연습하지 않으면
행복했던 순간, 감사했던 순간이 손에 쥔 모래처럼 쉽게 빠져나가
버리고 허무한 빈손만 남게 된다.
하루 5분 시간을 정해서
다섯 가지 감사했던 일과 다섯 가지 행복했던 순간을 매일 기록해 보자.
매일 감사했던 순간, 행복했던 순간을 기록에 남기고 다시 살펴본다면
자신이 행복하다는 사실을 알게 된다.
행복도 연습이 필요하다.

오늘 하루 당신이 감사했던 일은 어떤 일인가?

_____

_____

오늘 하루 당신이 행복했던 일들은 어떤 일인가?

_____

_____

다섯 번째, 당신의 소망 리스트를 작성해 보자.
단순히 리스트만 작성하지 말고,
최대한 구체적으로, 사진이나 그림 같은 것도 같이 곁들여 이미지화해 보자.
그 리스트를 냉장고, 화장실, 침실 등에 붙여 두고
가능한 한 자주 보면서 마음 속으로, 머리 속으로 시각화해 보자.
시간이 지나면 놀랍게도
이 소망 리스트가 이루어져 있는 것을 살펴볼 수 있다.

나의 소망 리스트를 적어 보자.

_____

_____

_____

여섯 번째, 어려운 일, 풀리지 않는 문제, 복잡한 문제를 글로 써 보자.
감정이 복잡할 때, 슬플 때, 기쁠 때, 화날 때, 글을 써 보면
감정이 가라앉고, 생각이 정리된다.

풀리지 않을 것 같은 문제가 사라지기도 하고,
자신이 예상하지 못한 방식으로 해결되기도 한다.
이렇듯 글을 쓴다는 행동은
우리의 감정을 치유해 주고, 생각을 정리해 주고,
창의적인 생각을 할 수 있도록 해 준다.

글을 쓴다는 것은 우리에게 아주 많은 도움을 준다.
우리의 신념을 강화해 주고, 우리 뇌와 생각의 오류를 기록으로 남겨 준다.
펜 끝의 촉감을 느껴도 되고,
컴퓨터 자판의 감촉을 느끼면서 글을 써도 된다.
쓰고 또 쓰자.
쓰는 행동이 종교적 행동이 되고,
창의적인 일상의 반복(creative routine)이 되도록….
매일 쓰고 또 쓰면
감사하고 행복한 삶을 살 수 있을 것이다.

일곱 번째, 선택의 순간의 장단점을 글로 써 보자.
삶을 살아가면서 우리는 수많은 선택의 순간을 마주하게 된다.
어떤 선택을 하는가에 따라
우리 삶의 방향이 달라지고 우리 삶의 질이 달라진다.
그런데 우리는 남에게 도움을 청하거나 남에게 도움을 받는 것을 싫어한다.
그래서 이런 중요한 선택의 순간에도
인생 경험과 지혜가 많은 사람으로부터 도움 받기를 꺼린다.

남에게 부담이 되는 게 싫고, 거절의 두려움, 창피함, 자존심 등의
이유로 다른 사람의 의견을 묻는 것조차 꺼리는 것이다.
그래서 인생에서 너무도 중요한 선택의 순간에
논리적 선택이 아니라 고민 속에서 감정적 선택을 하는 경우도 많다.

선택의 순간에 선택의 종류별 장단점들을 글로 적어 보자.
충분한 시간을 가지고 글로 쓴 선택의 장단점을 계속해서 읽고
수정해 보자.
더 좋은 방법은 당신의 글을 다른 사람에게 보여 주고 조언을 구하는
것이다.
친구나 가족에게 의견을 구해도 좋다.
당신에게 조언해 줄 좋은 멘토(Mentor)나 스승이 있다면
당신은 축복받은 사람이다.

Day 34

관계적 가치와 내재적 가치 높이기

Increasing Both Relational and Intrinsic Values

자신의 내면의 가치를 기르는 것은
성공하고 행복한 부자가 되기 위해
가장 먼저 해야 하는 일이며 가장 중요한 일이다.

관계적 가치와 내재적 가치 높이기

우리는 대부분의 생각과 행동을
주로 물질적 가치를 높이는 데 집중하고 있다.
지적, 문화적 가치를 높이기 위한 행동도
결국은 물질적 가치를 높이는 것과 관련된 경우가 많다.
따라서 관계적 가치나 내재적 가치는
무시하거나 등한시하는 경우가 대부분이다.

주위 사람이나 친구, 동료, 심지어 가족 관계도 무시하면서
물질적 가치만 추구하는 사람들이 많다.
설령 죽을 때까지 부를 유지한다고 하더라도
이들이 진정으로 행복한 삶을 살기는 어렵다.

물질적 가치와 지적, 문화적 가치를 높이는 방법은
우리가 자주 접하는 분야이므로
여기에서는 관계적 가치와 내재적 가치를 높이는 방법을 살펴보도록
하자.

관계적 가치 높이기
관계적 가치를 잘 만드는 것은 풍요로 향하는 열쇠가 된다.
관계적 가치를 잘 쌓으면 물질적 가치로 바꿀 수 있는 경우가 많기
때문이다.
부유하고 행복한 삶을 살기 위해서는 좋은 인맥을 쌓고
가족, 친척, 친구 등 가까운 사람들과
바람직한 관계적 가치를 유지하는 것이 필수적이다.
인간은 사회적 동물이므로 다른 사람과 바람직한 관계적 가치를
형성하지 못하면 행복을 유지하기 어렵다.

그렇다면 관계적 가치를 높이는 방법에는 무엇이 있을까?
관계적 가치를 높이기 위해서는
물질적 가치나 지적, 문화적 가치도 상당히 중요하다.
어떤 분야에 대해서 상당한 지적 가치가 있고, 물질적 가치까지 어느
정도 가지고 있다면 관계적 가치에 도움이 되기 때문이다.
하지만 이 외에도 관계적 가치에 도움이 되는 것들은 많다.

거울을 통해 자신의 얼굴을 살펴보자.
내 얼굴이 웃고 있고 밝고 온화한가?
나이가 들수록 자신의 얼굴에 책임을 져야 한다고 말한다.

시간이 지날수록 내면의 모습이 외면의 얼굴로 묻어 나오기 때문이다.
나의 얼굴은 나를 위해서 있는 것이 아니라, 다른 사람을 위해서 있는 것이다.
내가 나의 얼굴을 보는 시간보다
다른 사람이 나의 얼굴을 보는 시간이 훨씬 더 많다.
밝게 웃는 표정, 행복한 표정은 다른 사람을 위한 선물이고,
내가 만들어 낼 수 있는 중요한 가치 중 하나이다.
매일 거울을 보고 밝게 웃는 표정을 연습하자.
다른 사람이 나의 얼굴을 보고 싶도록, 웃는 얼굴, 행복한 얼굴을
한다면 그만큼 다른 사람과의 관계적 가치를 풍요롭게 만들어 낼 수 있다.

극단적인 예시를 하나 들어 보자.
병원에서 홀로 죽음을 기다리는 노인에게
밝게 미소 짓고 진심 어린 말과 행동으로
매일 간호해 주는 간호사가 있다면
이 노인에게는 이런 관계적 가치가 자신이 평생 모아 온
물질적 가치보다 더 소중할지 모른다.

물론, 관계적 가치를 물질적 가치를 위해서만 활용하라는 말은
아니다.
우리에게는 다른 사람의 미소와 다른 사람의 행복 속에서
자신의 행복을 찾아내는 능력이 있다.
뇌 과학에서는
이를 '거울 뉴런(Mirror neurons)'[ⓐ]이라고 설명한다.

거울 뉴런이란,
다른 사람의 표정과 행동을 관찰하기만 해도
자신이 그 행동을 할 때와 똑같은 효과를 나타나게 하는
우리 뇌의 신경 세포를 말한다.
관찰만으로도 마치 내가 직접 그 일을 하고 있는 것처럼 반응하는 것이다.
즉, 나의 웃는 얼굴이 다른 사람의 뇌에 있는 거울 뉴런에 반응을
일으켜 다른 사람의 뇌에서도 웃는 효과가 나타난다는 뜻이다.

웃음과 밝은 에너지는 전달된다.
행복과 사랑의 에너지 역시 전달된다.
가치는 사랑처럼 창조할 수 있고, 가치는 사랑처럼 무한하며,
가치는 사랑처럼 이미 있는 곳에서 더 쉽게 생긴다.
가치의 척도가 되는 돈도 사랑처럼 창조할 수 있고,
사랑처럼 무한하며, 사랑처럼 이미 있는 곳에서 더 쉽게 생긴다.

내재적 가치 높이기

나는 나와의 약속을 잘 지키는가?
쉬운 예를 들어 확인해 보자.
우리는 매일 아침 알람을 맞춘다.
6시, 6시 30분, 7시, 7시 30분, 8시….
결국 8시에 일어날 거면서 왜 이렇게 알람을 많이 맞추는가?

별 생각 없이 자신과의 작은 약속들을 쉽게 어긴다면,
자신과의 약속을 어겨도 된다는 마음을 무의식 속에 계속 심게 된다.

이런 일이 반복되면서 내면의 힘은 약해진다.
결국 자신이 결정하고 마음먹은 일을 추진하려 할 때면
추진력이 생기지 않는다.
결심했더라도 마음속에서는
어차피 그 결심이 지켜지지는 않을 것이라고 여기게 되니
추진력이 생기지 않는 것은 당연한 일이다.
그래서 다이어트나, 공부, 운동을 계획할 때에도
자신이 하는 말을 잘 관찰하여 지킬 수 있는 계획을 세우고,
지킬 수 있는 말을 해야 한다.

사람들은 언제 지킬지도 모르는 빈말로,
"밥 한번 먹자.", "내가 연락할게."라고 말한다.
이런 말들도 자신의 내재적 가치를 떨어뜨리는 말이 된다.
스스로 지키지 않을 것을 알면서도 그렇게 말하는 것은
'자신이 하는 말은 지키지 않아도 된다.'는
신호를 무의식에 주입하는 것과 같다.
자신을 잘 관찰하여 가능한 한 지킬 수 있는 약속을 하자.
자신과의 약속을 지키지 않으면
어떤 일을 하더라도 추진력이 생기지 않는다.
자신과의 약속을 지키지 못하는 사람이
남과의 약속을 잘 지킬 수 있겠는가?
많은 사람이 자신과의 약속을 지키지 못하기 때문에
남과의 약속도 잘 지키지 못한다.
자신과의 약속도 타인과의 약속도 잘 지키지 못하기 때문에
돈에 대한 약속도 지키지 못한다.

돈을 빌려줬을 때 돌려받을 수 있는 경우가 드문 것은
사람들이 이처럼 자신과의 약속을 잘 지키지 않기 때문이다.
자신과의 약속을 잘 지키는 사람에게는
돈을 빌려야 하는 상황도 잘 생기지 않는다.

많은 사람들이 돈을 빌리기 전의 마음과
돈을 빌리고 난 후의 마음이 달라진다.
돈을 빌리기 전에는 "꼭 갚는다."고 말한다.
아마도 그 순간의 마음은 진실일 것이다.
하지만 돈을 빌리고 나면, 돈을 빌리기 전의 마음은
무의식의 어딘가로 사라지고 다른 마음이 의식의 수면 위로 떠오른다.
돈을 빌리기 전에 아무리 확실히 약속을 하더라도 대부분의 사람은
마음이 변하고 마음이 변하지 않는 사람조차도
돈을 갚을 수 있는 여건이 되지 않는 경우가 있다.
그래서 일단 돈을 빌려주면 다시 돌려받기 어렵다.

한 사람의 무의식과 의식 속에는 수많은 마음들이 존재한다.
우리는 늘 밤에 잠자기 전과
아침에 일어날 때 마음이 달라지는 것을 경험한다.
잠을 자기 전에는
'아침에 일찍 일어나서 공부하고 운동하자.'라고 마음을 먹는다.
그러나 아침이 되면 '조금만 더 자야지. 피곤하다.'라고 생각한다.
'마음이 변했다', '다른 마음이 생겼다'는 말이다.
마음의 일관성을 지킬 수 있는 사람은 매우 드물다.

하지만 마음의 일관성을 지킬 수 있어야 자신이 원하는 바를 이룰 수 있다.
늘 마음이 바뀌어서 일관성이 없다면 어떻게 목표한 바를 이룰 수 있을 것인가?

돈을 다시 갚을 수 있는 사람은 내재적 가치를 소중히 간직한 사람이다.
강한 내재적 가치를 가진 사람만이 목표를 이루기 위한 에너지와 추진력 가질 수 있다.
내가 아는 한 지인은 피겨 스케이터가 성공한 공연을 반복해서 본다.
성공과 아름다움의 내재적 가치를 기를 수 있는 좋은 방법이다.
이렇게 반복적으로 타인의 성공에 대해서 공부하고, 느끼고, 공감하면 좋은 내재적 가치를 가질 수 있게 된다.
좋은 내재적 가치를 가진 사람은
자신에 대해 좋은 생각을 하고 자기 자신의 성공을 의심하지 않는다.
부유한 내재적 가치를 가진 사람은 그 풍요가 밖으로 드러나 물질적 풍요로움이 따라오게 된다.

자신의 내면의 가치를 기르는 것은
성공하고 행복한 부자가 되기 위해 가장 먼저 해야 하는 일이며 가장 중요한 일이다.

Day 35

시간 투자 연습하기

Practice How You Invest Your Time

부자가 되기 위한 출발 단계라면
단순히 돈이 많고 적음을 떠나,
자신의 가장 소중한 자산인 시간 투자의 개념을 가지고 있어야 하며,
현재 시간당 가치 기준보다는 미래의 자신의 시간당 가치 기준에 따라
선택하고 행동해야 한다.

시간 투자 연습하기

가진 것이 아무것도 없어서 투자 연습을 할 수 없다면
여러분이 가진 가장 소중한 것을 가지고 투자 연습을 해 보자.
바로 시간이다.

당신은 미래의 풍요와 돈을 벌기 위한 교육에
당신 시간의 몇 퍼센트, 수입의 몇 퍼센트를 투자하고 있는가?

나의 시간 중 몇 시간을 경제 교육에 투자하는가?

하루 : _____ (시간)   일주일 : _____ (시간)

한 달 : _____ (시간)

나의 수입의 몇 퍼센트를 경제 교육에 투자하는가?

한 달 수입의 _____(%) _____(원)

누구에게나 공평하게 24시간이 주어진다.

하루에 8시간 일을 한다고 생각해 보자.
막노동을 하면 8시간에 15만 원,
편의점에서 일을 하면 8시간에 7만 원 정도를 번다고 가정할 때,
어떤 일을 선호할까?

당장 급하게 많은 돈이 필요한 경우가 아니라면
선택의 기준은 돈이 아니라
'어떤 일이 자신이 추구하는 미래 가치를 높일 수 있는 일인가?'이다.

자신이 지금 하는 일과 다른 꿈을 가지고 있고
공부할 시간이 필요하다면 돈을 좀 적게 번다고 할지라도,
짜투리 시간이라도 공부할 시간이 조금이라도 있는
편의점에서 일하는 것이 더 좋은 선택이 될 수 있다.

부자가 되기 위한 출발 단계라면 단순히 돈이 많고 적음을 떠나,
자신의 가장 소중한 자산인 시간 투자의 개념을 가지고 있어야 하며,
현재 시간당 가치 기준보다는 미래의 자신의 시간당 가치 기준에 따라
선택하고 행동해야 한다.
미래에 자신의 시간당 수입이 10만 원 이상이 될 것이라는 생각이

든다면 현재 시간당 2만 원의 일에 집중하기보다
현재 시간당 1만 원의 돈을 벌지라도 짜투리 시간에 공부할 수 있거나
자신의 미래 가치를 높일 수 있는 기술을 배울 수 있는 일을 선택해야
한다.

명심하라.
부자가 되기 위해서 중요한 것은
지금 돈 가치의 기준에 따른 선택이 아니라
미래의 꿈에 따른 '시간 가치 기준'에 대한 선택이다.

앞에서 설명했지만
투자, 그리고 소비와 낭비에 대한 개념을 시간에도 적용해 보자.
오늘 하루 나의 시간을 투자, 소비, 낭비로 분석해 보면
나 자신이 미래에 풍요롭고 부유한 삶을 살 수 있을지 알 수 있다.
경제적 풍요를 원한다면, 육체적 건강을 원한다면,
혹은 정신적 풍요로움을 원한다면
하루 중 나의 시간이 각 분야에 얼마나 많이 투자되고 있는지
살펴보자.
일주일, 한 달, 일 년이면 얼마나 많은 시간이 축적되는지 살펴보자.
변화 없는 똑같은 삶을 살아가면서, 다른 결과를 기대하는 것은 미친
짓이다.

적은 돈을 잘 관리하고 돈에 대한 올바른 습관을 길러야 부자가 될 수
있듯이 경제에 관련된 교육과 훈련에 투자한 작은 시간이 모여서
부자가 될 가능성을 높여 준다.

시간 가치 기준에 따라 선택하자.

> 시간 투자 가치 〈 경제적 가치 = 투자
> 시간 투자 가치 = 경제적 가치 = 소비
> 시간 투자 가치 〉 경제적 가치 = 낭비

물론 우리의 모든 시간을 경제적 가치로만 환산할 수는 없다.
가족과 함께 소중한 시간을 보내는 것은
어떤 경제적 가치로도 환산할 수 없다.
개인적인 가치 기준에 따라 자신의 기준을 만들어서 적용해 보고
그 결과를 계속해서 기록해 보면,
자신이 시간을 어떻게 활용하는지를 알 수 있는
객관적이고 소중한 자료가 될 것이다.

나는 얼마나 많은 시간을 경제적 풍요와 관련된 곳에 투자하고
있는가?
자신이 어떻게 시간을 쓰고 있고,
그중 몇 시간이 돈과 경제와 관련된 투자 시간인지 파악해 본다면,
자신의 미래에 대해 쉽게 예측할 수 있을 것이다.

자신의 하루를 잘 관찰해 보고
어떤 분야에 가장 많은 시간이 낭비되고 있는지 살펴보자.

시간 관리 책에서는 시간 낭비가 가장 심한 것으로,
꼭 필요하지 않은 인간관계를 지적한다.
그 외에 시간낭비가 심한 것으로는 꼭 하지 않아도 되는 일들과
과도한 휴대폰 사용, SNS 활동, 게임, TV시청 등을 이야기하고 있다.

아래의 표는 하루 동안의 시간을 투자, 소비, 낭비로 나누어 기록한
예시이다.
자신의 하루를 시간별로 구분해서 기록해 보자.

구분	항목	투자	소비	낭비
1일	출근 준비 시간		30	
	통근 시간		90	
	경제 서적 독서	60		
	TV 오락 프로그램 시청			60
	나가지 않아도 되는 모임			150
	경제 관련 북 콘서트	90		
2일				

Day 36

마음! 끌어당김의 법칙
The Law of Attraction

당신이 진정으로 바라는 것을
명확하고 구체적으로 정의할 수 있는가?
당신의 소망이 무엇인지를 정확하게 말할 수 없다면,
그 소망이 눈앞에 나타났을 때 과연 어떻게 알아보겠는가?

마음! 끌어당김의 법칙

마음이란 무엇일까?
'마음대로 산다', '
마음먹은 대로 이루어진다'처럼
우리는 일상 속에서 마음이라는 단어를 늘 사용하고 있기 때문에
마음의 존재에 대해 아무런 의문 없이 받아들인다.

뇌 과학자는
나, 혹은 마음과 뇌를 하나로 보는 일원론자와
나와 마음과 뇌를 분리해서 보는 이원론자가 있다.
둘 중 누구의 말이 맞는지는 알 수 없다.

우리는 이 책에서 평소에 마음을 사용하는 방법,
사람들의 생각과 감정 같은 정신적 도구를 어떻게 사용해야 하는지를
주로 다루고자 한다.
많은 책에서 마음을 이용하는 것을
부자가 되는 첫 번째 단계로 다룬다.
마음속에 있는 것, 즉 자주 생각하고,
구체적이고 강하게 그림처럼 이미지화한 것들이
현실 세계에 구현되는 것은 어쩌면 너무 당연한 일이다.

예를 들어 '닭고기가 먹고 싶다'는 생각을 계속 가지고 있는 사람은
돈이 생기면 닭고기를 사서 먹을 것이다.

하지만 자신의 직접적 행동 없이
'닭고기를 먹고 싶다'고 계속 생각하고 이미지화하면서,
그 생각이 실제로 언제, 어떤 방법으로 이루어지는지 관찰해 보는
것은 좋은 경험이 된다.
우연의 일치라고 부르든, 무엇이라 부르든
비록 그 원리를 알지 못한다고 할지라도
자신의 직접적인 행동 없이도 강하게 생각하고 이미지화 한 것이
현실 세계에서 이루어진다.

작은 것에서 시작해서 조금 더 큰 것을 마음에 그리고
원하는 것을 마음과 생각으로 당기면
언젠가는 이루어지는 것을 관찰하고 경험할 수 있다.

최근 많은 연구가 이루어진 양자 역학을 보면,
우리가 알고 있는 물리학 법칙들이 그대로 적용되지 않는다.
양자 역학에서 물질과 파동의 경계가 분명하지 않으며
공상 과학 소설이나 만화 영화에서나 보던
현실에서는 있을 법하지 않은 것들이 과학으로 밝혀지고 있음을 볼 수 있다.

자동차를 운전할 때
자동차 구조나 작동 원리를 모두 알아야 운전을 잘할 수 있는 것이
아니듯이 우리가 마음과 생각 그리고 감정을 잘 사용하기 위해서
양자 역학, 뇌 과학, 심리학 등을 모두 연구하고 이해해야 하는 것은
아니다.
우리는 마음과 생각, 그리고 감정에 대해 어느 정도만 이해하고
잘 사용하기 위한 방법과 그 방법을 지속시키는 것에 집중하면 된다.

어떻게 하면 마음을 잘 사용할 수 있을까?
마음은 우리가 바라는 세상과 현실 세상을 연결하는 고리이다.
마음 속에 반복해서 생생하게 일어나는 일은 현실에서 실제로
이루어진다.
자신이 바라는 어떤 목표를 마음속으로 생생한 이미지를 가지고
반복적으로 그린다면 그 일을 현실 세계에서 경험하게 된다.

여기에 문제가 하나 있다.
많은 사람들이 자신이 진정으로 바라는 것을 한 문장으로 설명하지
못하고 마음속으로 바라는 내용도 늘 바뀐다는 것이다.

여러분이 진정으로 원하는 것은 무엇인가?

내가 진심으로 원하는 것은 무엇인가? 한 문장으로 써 보자.

_____

_____

_____

당신이 진정으로 바라는 것을 명확하고 구체적으로 정의할 수 있는가?
당신의 소망이 무엇인지를 정확하게 말할 수 없다면,
그 소망이 눈앞에 나타났을 때 과연 어떻게 알아보겠는가?
마음속에서 구체적이고 지속적으로 바라는 것이 아니라면
현실에서도 일어나지 않을 가능성이 높다.

마음으로 부와 풍요를 구체적이고 지속적으로 추구하지 않는다면
현실 세계에서 부와 풍요를 당신의 것으로 소유할 수 없다.

Day 37

가능성의 법칙

The Law of Probability

우리가 어떤 생각을 하고 어떤 행동을 선택해서 습관화하느냐에
따라서 부자가 될 가능성도 달라진다.
자수성가한 부자들도 성공하고 부를 축적한 사건들을
순서대로 정확히 예견하고 계획하지 못했을 것이다.
우리가 생각을 선별하고 좋은 행동을 선택해서 습관화하다 보면
뜻밖의 행운이 찾아온다.

가능성의 법칙

화장실에서 손을 씻을 때,
반지를 빼서 세면대 위에 두는 사람과 반지를 곧바로 주머니에 넣는
사람 중 누가 반지를 잃어버릴 확률이 높을까?

반지를 세면대 위에 두는 사람은
반지를 잃어버릴 확률이 조금 더 높아진다.
이런 행동이 습관이 되면 이 사람은 반지를 잃어버릴 확률이
상당히 높아진다.
우연히 반지를 세면대에 두고 손을 씻던 중,
휴대전화가 울려 중요한 대화를 나누다 보면
주의가 분산되어서 반지를 잃어버릴 확률도 높아진다.

반대로 처음부터 반지를 주머니에 넣는 행동이 습관화된 사람은
반지를 잃어버릴 가능성이 낮아진다.
이렇듯 우리가 어떤 생각을 하고 어떤 행동을 선택해서
습관화하느냐에 따라서 부자가 될 가능성도 달라진다.

「 가능성의 법칙 」

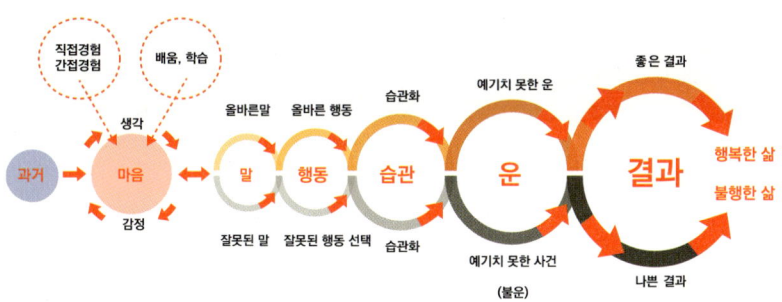

또 다른 예를 들어보자.
어떤 사람이 남의 집에서 물건을 훔쳤다고 생각해 보자.
이 사람은 처음에는 경찰에게 잡히지 않을 수 있다.
하지만 물건을 훔치는 횟수가 많아질수록
남기는 증거가 많아지고, CCTV에 찍히거나 목격자가 늘어나
경찰에게 잡힐 가능성이 높아진다.
그러다 경찰에게 잡혔다고 생각해 보자.
이 사람이 단순히 운이 없었던 것일까?
이 사람의 생각, 행동, 습관에 의해서 경찰에게 잡힐 가능성이
높아졌고 자신도 계산하지 못한 우연의 단서로 경찰에게 잡힌 것이다.

부자가 되는 경우도 마찬가지다.
당신이 하는 올바른 생각, 말, 행동, 습관 등에 의해서 부자가 될
가능성이 높아지며, 당신이 예상하지 못했던 행운이 작용하기도 한다.

가능성의 법칙
자수성가한 부자들도 성공하고 부를 축적한 사건들을
순서대로 정확히 예견하고 계획하지 못했을 것이다.
우리가 생각을 선별하고 좋은 행동을 선택해서 습관화하다 보면
뜻밖의 행운이 찾아온다.

어떤 올바른 행동을 찾아내고 습관화해야
부자가 될 가능성이 더 높아질까?
매일 드라마와 TV 오락 프로그램을 보며 뇌의 보상회로에 만족감을
주는 행동을 선택하고 습관화한 사람과
책과 교육을 통해 공부하고 부자가 되고자 하는 같은 목적을 가진
사람과 모여 토론하는 등으로 뇌의 보상회로에 만족감을 주는 행동을
선택하고 습관화한 사람.
두 사람 중 어떤 사람이 부자가 될 가능성이 높을까?

부자가 될 가능성을 높이기 위해서
우리는 돈과 부에 대해서 어떤 생각과 느낌과 감정을 가져야 하며
어떤 말과 행동과 습관을 가져야 할까?
헬스 트레이닝을 할 경우,
'팔' 운동 하나를 위한 운동 방법과 기구도 여러 가지가 있듯이
부자가 되는 하나의 목적을 위한 훈련에도 다양한 방법들이 있다.

우리는 이런 방법들을 이용해서
부자가 될 가능성을 매일 조금씩 높일 수 있다.
매일 2~3시간씩 TV를 보거나 SNS를 하는 사람과
매일 2~3시간씩 책을 읽는 사람 중
과연 누가 부자가 될 가능성이 더 클까?
오늘 내가 하는 생각, 말, 행동, 습관 중
미래에 부자가 되기 위해 도움이 되는 것들을 기록해 보자.

부자가 되는 데 도움이 되는 나의 생각을 적어 보자.

부자가 되는 데 도움이 되는 나의 말을 적어 보자.

부자가 되는 데 도움이 되는 나의 행동을 적어 보자.

_____
_____
_____
_____

부자가 되는 데 도움이 되는 나의 습관을 적어 보자.

_____
_____
_____
_____

Day 38

균형의 법칙

The Law of Balance

주면 다시 돌아온다.
나누어 주는 연습은 풍요로운 마음을 만든다.
나누어 주는 연습은
마음속에 풍요로운 경제 청사진을 만들기 위해서 매우 중요하다.
대부분의 사람에게 나누어 주는 연습을 하라고 하면
첫 번째 돌아오는 답이 "난 나누어 줄 것이 없다."고 한다.
사람들의 생각이 대부분 물질적 가치에만 집중되어 있기 때문이다.

균형의 법칙

자연의 법칙을 잘 살펴보면
비어 있는 곳은 다시 채워지는 것을 볼 수 있다.
인간이 만든 사회의 법칙과 경제의 법칙도
많은 부분 자연의 법칙을 닮아 있다.
자연의 구조를 닮은 경제 구조가
가장 잘 발달되고 가장 잘 유지된다고 한다.

주면 다시 돌아온다.
나누어 주는 연습은 풍요로운 마음을 만든다.
나누어 주는 연습은
마음속에 풍요로운 경제 청사진을 만들기 위해서 매우 중요하다.

대부분의 사람에게 나누어 주는 연습을 하라고 하면
첫 번째 돌아오는 답이
"난 나누어 줄 것이 없다."고 한다.
사람들의 생각이 대부분 물질적 가치에만 집중되어 있기 때문이다.

그러나 다른 사람과 나누고, 다른 사람에게 주는 것이
반드시 물질적인 것이어야 하는 것은 아니다.
따뜻한 말 한마디가 사람의 목숨을 살릴 수 있고
억만금 이상의 가치를 가질 수도 있다.
물질적인 것을 나누어 주는 것보다
따뜻하고 밝은 눈빛, 표정, 따뜻한 말 한마디라도
다른 사람에게 주려고 노력해 보자.
더 많이 주려고 노력하자.
그렇게 베푸는 경향성을 만들도록 연습해 보자.
따뜻한 눈빛과 밝은 표정, '감사합니다'와 '고맙습니다'는 말은
아무리 나누어 주어도 줄어들지 않고 더 풍요로워진다.

여러분이 나누어 준 이런 물질적이지 않은 것들이
언젠가 여러분에게 물질적인 것으로 돌아올 수 있다.

남에게 줄 수 있는 것을 최대한 주어라.
주는 자가 더 많이 받는다.
내가 가지고 있는 가치를 주는 연습을 하자.
남에게 주는 것은 나의 기분을 좋게 한다.
주는 행위는 풍요의 표시이다.

주는 연습을 하면 당신의 제한된 사고 습관의 경계가 점점 사라지고
유연하고 자유로운 사고를 할 수 있다.
당신의 한계를 만드는 것은 당신의 사고이다.
아깝다는 마음을 가지면
제한된 사고 습관이 굳어지고 제한된 결과만을 얻게 된다.
아낌없이 주는 훈련을 하는 것이
풍요를 향해 나아갈 수 있는 좋은 방법이다.
남에게 무언가를 넉넉하게 주었을 때,
그 풍요로움은 돌고 돌아 당신에게 돌아온다.

물질적인 것 말고도 나눌 수 있는 것은 많다.
당신의 지식과 지혜, 당신의 경험을 사람들과 나누어라.
나누어 준 것은 더 풍요롭게 당신에게 돌아온다.
이것이 '균형의 법칙'이다.

불교에서는 부처님의 법(法)을 전달하는 것을
'다른 사람에게 줄 수 있는 가장 큰 보시'라고 말한다.
베푸는 능력을 마음껏 발휘하다 보면
자신의 편협함이 무너지고,
자신의 편협함이 무너지면 경계가 넓어지고
주변인들의 편협함과 한계가 보이기 시작한다.
편협함을 벗기 위해 주는 연습을 해 보자.

주는 사람만 복을 받는 것이 아니고
잘 받는 사람도 복을 받는다.

이상한 이야기처럼 들리는가?
잘 받는 사람이 복을 받는다?
감사하게 잘 받는 사람도 주는 사람에게 선행을 베풀 기회를 주는 것이다.
불교에서는 승려들이 걸식(乞食)으로 의식(衣食)을 해결하는
탁발(托鉢)이라는 것이 있다.
음식을 구할 때도 가능한 한 사람에게 한 끼 식사량 전부를 구하지 않고 여러 사람에게 조금씩 나누어서 받는다.
한 끼 식사량을 구하면서 여러 사람에게 선을 행할 기회를 주는 것이다.
가난한 사람에게 봉사를 해 보면
내가 준 것보다 내가 받은 것이 많음을 느낄 수 있다.
봉사를 할 때 그들의 따뜻한 눈빛과 미소, 감사의 눈물로
나의 마음이 더 풍요로워짐을 느낄 수 있다.

물질적 기부도 적은 금액부터 시작해 보자.
물질적 기부를 하면 물질적으로도 풍요롭다는 생각이
무의식에 심겨서
물질적 기부를 하는 사람의 마음을 풍요롭게 만들고,
물질적 풍요를 더 끌어당기게 된다.

균형의 법칙은 준만큼 받는다는 것이다.
꼭 물질을 주어야지 물질을 받는 것은 아니다.
여러 가지 가치가 물질적 풍요로 바뀔 수 있다.
그러니 물질이 아니어도 주는 연습을 해야 한다.

마음 속에 풍요로움을 먼저 만들어 내면
마음 속 풍요로움이 스며나와서 나와 자신의 주위를 풍요롭게 만든다.

불교에서는 '물질을 가지지 않고도
일곱 가지 보시를 할 수 있다'고 말한다.
이를 '무재칠시(無財七施)'ⓐ라고 한다.

무재칠시(無財七施)
1. 화안시(和顔施): 부드럽고 편안한 눈빛으로 사람들을 대(對)함
2. 화안열색시(和顔悅色施): 자비롭고 미소 띤 얼굴로 사람들을 대(對)함
3. 언사시(言辭施): 공손하고 아름다운 말로 사람들을 대(對)함
4. 신시(身施): 내 몸을 수고롭게 하여 남들을 도움(助力)
5. 심시(心施): 착하고 어진 마음을 가지고 사람들을 대(對)함
6. 상좌시(床座施): 다른 사람에게 기쁜 마음으로 자리를 양보함
7. 방사시(房舍施): 잠자리가 없는 사람에게 방을 내어주고 친절히 대함

이렇듯 물질적인 가치가 아니더라도
다른 사람을 풍요롭게 해 줄 수 있는 방법은 다양하다.
물질에 초점을 두지 말고 풍요로움에 초점을 두고 무언가를 하다 보면
반드시 물질적 풍요도 같이 따라오게 된다.

Day 39

독서와 창의적 사고

Reading and Creative thinking

잠시 모든 것을 내려놓고 스스로를 비워서 다른 환경에 두었을 때,
이성적 두뇌가 떠올리지 못한
새로운 아이디어가 떠오르는 경험을 하게 될 것이다.
조용한 공간에서 마음을 비우면 자연(自然)이 당신을 채워 준다.

독서와 창의적 사고

성공한 사람들의 중요한 공통점 중 하나가 독서하는 습관이다.
독서를 한다는 것은 작가의 이야기를 귀담아듣는다는 뜻이기도 하다.
또한 작가의 생각을 읽으면서 스스로 생각하고, 느끼고,
자신의 생각을 정리하고, 아이디어를 얻는 등,
독서를 통해 일련의 정신적 활동을 하는 것이다.

독서를 많이 하는 사람은 다른 사람의 말을 잘 듣는 경향성이 생긴다.
책을 읽고 여러 사람과 책 내용에 대해서 토론을 해 보면,
같은 내용을 사람에 따라 다르게 받아들일 수 있다는 사실과
여러 사람이 가진 다양한 생각을 배울 수 있는 기회가 생긴다.
운동을 하면 근육이 강화되듯이

독서를 통해서 우리 뇌의 신경 연결망이 더욱 강화된다.
독서를 통해서 다른 사람의 생각과 어떤 분야의 새로운 어휘를 많이
알게 되는 것은 창의적 사고의 필수적 요소이다.
인문학을 통해서 사람들의 욕구를 이해하고,
인간에 대해 기본적으로 이해하게 된다.
이를 바탕으로 정치, 경제, 문화에 대한 이해를 넓히게 된다.
생각을 올바르게 하려면 사고의 재료가 되는 정보가 많이 필요하며
정보의 바탕이 되는 어휘가 풍부해야 한다.
경제 정보와 경제 관련 어휘가 풍부하다는 것은
경제에 관련된 창의적 사고의 필수 요소이다.

당신은 얼마나 많은 경제 용어를 알고 있는가?
사고는 언어로 이루어지기 때문에 자신이 잘하고 싶은 분야의 용어를
가능한 한 많이 알고 있어야 더 창의적이고 효율적인 사고가
가능하다.

새로운 아이디어를 만들어 내는 방법

어떤 분야에서든 많이 알수록 더욱 실현 가능한 아이디어를 떠올릴 수
있다.
좋은 아이디어를 얻으려면 독서를 즐겨라.
머릿속에 재료가 많으면 많을수록 다양한 아이디어가 샘솟는다.

어떤 일에 좋은 아이디어를 내기 위해 집중해서 모든 에너지를
쏟았다면 잠시 그 일을 그냥 두고 두뇌와 마음과 몸에 휴식을 주어라.

그리고 다른 환경에 자기 자신을 놓아라.
그러면 생각하지 못한 아이디어가 갑자기 떠오르는 경험을 하게 된다.

아르키메데스가 목욕탕에서 '유레카'@라고 외치고,
뉴턴이 사과가 떨어지는 것을 보고 만유인력의 아이디어를 떠올렸던
예를 보자.
만일 당신이 어떤 일에 완전히 집중해서
자신의 모든 에너지를 소진하였다면
잠시 모든 것을 내려놓고
스스로를 비워서
다른 환경에 두어라.
그러면 이성적 두뇌가 떠올리지 못한
새로운 아이디어가 떠오르는 경험을 하게 될 것이다.
조용한 공간에서 마음을 비우면 자연(自然)이 당신을 채워 준다.

모든 것을 스스로 혼자서만 해결하려고 하지 마라.
자기 자신을 잠시 내려놓아라.
잠들기 전 침대 위, 아무도 없는 산속이나 아파트,
나만의 고독한 공간을 찾아
그 안에서 몸과 마음이 이완되었을 때
창의적 아이디어가 떠오르는 것을
당신도 경험하기를 바란다.

Part 5. 밀어낼 사람과 공유할 사람

Day 40

밀어내야할 사람과 공유할 사람

Whom to Avoid and Whom to Share with

당신과 가장 많은 시간을 보내는 3명의 사람을 살펴보면
당신의 모습을 볼 수 있다.
당신이 목표하고 가고자 하는 곳을 향해 같이 가는 사람들과 가까이해야 한다.
당신 주변의 사람들이 누구도 하지 않는 일은
당신에게도 쉽게 동기부여가 되지 않는다.

밀어내야할 사람과 공유할 사람

한 사람을 끌어올리는 것은 너무나도 힘든 일이다.
부처님도 "남의 도를 대신 닦아 줄 수 없다."고 말씀하셨다.
끌어올리는 일은 너무나 어렵지만, 끌어내리는 일은 너무나 쉽다.
안타깝게도 세상에는 여러분의 착한 마음을 이용하는 사람이 너무 많다.
잘못된 행동인지 모르고 하는 사람도 너무나 많다.
측은지심(惻隱之心)과 잘못된 관계적 가치에 묶이게 되면
자신이 도달하고자 하는 정상에 도달하지 못할 수 있다.

마주 보고 가는 것이 아니라 같은 곳을 바라보며 함께 발맞추어 갈 수 있는 동반자를 잘 선택할 필요가 있다.

마주 보며 비난하고 싸우려 드는 사람은
당신의 동반자가 아니라 당신을 끌어내리는 사람이다.
옆에 있는 사람의 말과 행동의 습관을 잘 관찰해 보면
당신의 동반자가 될 수 있는 사람인지
당신을 끌어내리려는 사람인지 판단할 수 있다.

당신을 끌어내리려는 사람이 스스로 변하지 않는다면,
당신의 동반자가 될 수 없다.
그들도 여러분을 의도적으로 끌어내리려는 것은 아닐 것이다.
그들도 자신의 나쁜 생각과 나쁜 말, 나쁜 행동을 깨닫지 못하고
그런 행동이 주위 사람에게 피해를 입힌다는 것조차
인지하지 못하는 경우가 많다.
어떤 인연에 의해서 잠시 이들과 가까이 지냈다고 하더라도
좋지 않은 생각과 말, 행동을 가진 사람과는 멀리 떨어지는 것이
화를 면하는 방법이다.

이들 외에도, 우리 주변에는
우리가 도와주고 같이 나아가야 하는 사람이 너무도 많다.
당신을 끌어내리려는 사람에 대한 잘못된 관계적 가치와 측은지심에
묶여서 자신이 도달하고자 하는 정상에 도달하지 못하는 실수를 하지
말아야 한다.

당신이 어울리는 사람들이 바로 당신이다.
당신과 가장 많은 시간을 보내는 3명의 사람을 살펴보면
당신의 모습을 볼 수 있다.

당신이 목표하고 가고자 하는 곳을 향해 같이 가는 사람들과
가까이해야 한다.
당신 주변의 사람들이 누구도 하지 않는 일은
당신에게도 쉽게 동기부여가 되지 않는다.
당신 주변의 사람들이 당신과 동일한 수준이라면
당신은 돈을 더 벌고 싶거나 더 발전하려는 욕구가
더 이상 생기지 않을 것이다.

반면에 대부분 시간을 부자가 되기 위해 노력하는 사람들과 함께
한다면, 당신도 그들처럼 되고 싶다는 강렬한 욕구가 생길 것이다.
그들이 하는 일을 즐기게 될 뿐만 아니라 자연스럽게 함께 성장할
것이다.

돈을 벌기로 작정한 사람이나 성공한 사람들,
성공하기로 작정한 사람들과 함께 많은 시간을 보내라.

불평불만을 늘어놓는 사람들,
신세 한탄을 해서 동정심을 유발하려는 사람은 멀리해야 한다.
미래보다는 과거 한때 자신이 얼마나 성공했었고
과거에 자신이 얼마나 대단했는지를 말하는 사람,
자신이 얼마나 뛰어난 사람과 권력자들을 잘 알고 있는지를
말하는 사람은 멀리해야 한다.
이런 사람은 여러분에게 피해를 줄 뿐이다.
당신의 마음속의 약한 부분을 이용해서
여러분을 잘못된 방향으로 안내할 것이다.

당신보다 성공한 사람을 친구로 두면
조금 스트레스는 받겠지만, 더욱 동기부여가 되기 때문에
당신이 성공하는 데 도움이 된다.
성공 수준이 더 높은 사람들은 비용이 높은 그룹에서 어울릴 것이다.
비용이 없거나 낮으면 성공을 공유하는 사람들 보다는
성공한 사람을 이용하려는 사람들이 더 많이 모인다.

한 단계씩 성공할 때마다 당신은 한 단계 높은 인간관계를 형성해야
것이다.
스스로 성공했다고 생각하는 함정에 빠져서는 안 된다.
'내가 가장 잘났다. 다른 사람보다 뛰어나다.'라는 생각은
다툼을 불러오고 당신을 위험에 빠뜨린다.
다른 사람도 똑같은 생각을 가지고 있기 때문이다.
자기가 가장 뛰어나다고 생각하는 두 사람이 만난다면
무엇을 할 수 있을까?
평화롭고 풍요롭게 같이 잘 살 수 있을까?
아니면 싸움과 다툼을 통해서 상대를 이기려 할까?
상대를 해치고 내가 가장 뛰어나다고 증명하는 게
무슨 의미가 있을까?
역사에 남을 만한 업적을 이루기 위해 남을 해치는 것이
의미가 있을까?

인간의 역사에 남을 만한 성공이라 해도
인간의 역사가 두 배로 길어진다면,
역사에서 차지하는 중요도는 반으로 줄 것이다.

남을 해치고 최고의 자리를 얻는다 해도
내면에 남아 있는 공허함은 채울 수 없을 것이다.
그러므로 최고임을 증명하는 삶을 살기보다는
풍요로움을 공유하는 삶을 추구하는 것이 어떨까?

당신이 대단한 업적을 성취했거나 대단한 성공을 거두었다고 해도
당신에게 도움이 될 사람들이 반드시 있을 것이다.
그런 사람들을 찾아서 끊임없이 배우고 성장하고, 풍유로움을
공유하자.

Day 41

마음 안에 있는 것과 마음 밖에 있는 것

Distinguish between Your Inner-Wealth,
and Material Wealth

눈에 보이는 유형,
즉 돈, 재물 등의 소유물을 두려워할 필요는 없다.
이 세상에 있는 동안 이 세상의 물질을 잘 빌려 쓰는 것뿐이다.
죽을 때 이 세상의 물건은 티끌 하나 가져갈 수 없다.
당신이 정말 경계하고 두려워해야 하는 것은
당신의 마음속에 있는 것이다.

마음 안에 있는 것과
마음 밖에 있는 것

당신이 경계해야 하는 것은 재물과 소유물이 아니라
이것과 함께 생길 수 있는 재물욕과 소유욕이다.
당신이 버려야 하는 것도 재물과 소유물이 아니라
재물욕과 소유욕이다.

눈에 보이는 유형,
즉 돈, 재물과 같은 소유물을 두려워할 필요는 없다.
이 세상에 있는 동안 이 세상의 물질을 잘 빌려 쓰는 것일 뿐이다.
죽을 때 이 세상의 물건은 티끌 하나 가져갈 수 없다.
당신이 정말 경계하고 두려워해야 하는 것은
당신의 마음 속에 있는 것이다.

부자들이 누리는 물질적 풍요를 보았을 때,
나의 마음 속에는 어떤 변화가 생기는가?

예를 들어, 부자가 타고 지나가는 고가의 차량을 보았을 때,
당신이 주목해야 할 것은 고가의 차량이 아니라 자신의 마음에
일어나는 생각과 감정의 변화이다.
고가의 차량이 지나가는 것을 볼 때,
일어나는 생각과 감정의 물결이 시기, 질투, 분노와 같은 부정적인
것인가?
'어떤 나쁜 짓을 해서 돈을 벌었을까?'
'돈 많은 부모를 잘 만난 머리가 텅텅 빈 놈일거야.'
아니면, 긍정적인 것인가?
'나도 열심히 해서 내가 누리고 싶은 것을 누려야겠다.'

돈이 당신의 마음 속에 들어갈 수는 없다.
당신의 마음 속에 있는 것들은
죽어서도 당신과 함께 저세상으로 가게 된다.
바로 재물욕, 소유욕, 탐심 등이다.

우리는 소유하면서도 소유욕과 집착을 부리지 않을 수 있다.
연습과 수련을 통해서 가능하다.

예를 하나 보자.
어느 수도승이 깊은 산속에 도력이 높은 선사가 있다는 소문을 듣고
찾아갔다.

그러나 그 수도승은 도력이 높다는 선사의 집을 보고서 놀라고
말았다.
너무나 웅장하고 거대한 저택이 아닌가!
수도승은 무척 실망하였다.
그래도 수도승은 도력 높다는 선사를 만나 대화를 나누었고
두 사람은 더 수준 높은 스승을 찾아서 구도의 길을 떠나기로 했다.
반나절쯤 길을 가다가 수도승이 말했다.
"잠시 당신의 저택으로 돌아가야겠소.
나의 탁발 그릇을 당신의 저택에 놓고 왔소."

대저택을 가지고 있었지만 미련 없이 버리고 떠나온 선사와
탁발 그릇 하나에 집착하는 수도승 중,
누가 죽을 때 소유욕과 재물욕을 가진 채 죽을 것인가?

마음 밖에 있는 것과 마음 속에 존재하는 것을 구별하도록 하자.
마음 바깥에 있는 것은 티끌 하나도 가져가지 못하는
빌려 쓰는 물건일 뿐이다.
당신의 보물은 당신의 마음 속에 있는 것이다.

Day 42

선을 지키려면 악에 강해야 한다
To Be Good, You Must Stand Strong Against the Bad

자신이 나쁜 일을 하지 않는 것과
다른 사람들이 나쁜 일을 하지 않는 것은 별개이다.
자신이 다른 사람을 속이지 않는다고
상대도 나를 속이지 않을 것이라 믿으면 안 된다.
자신이 약속을 지킨다고 상대도 약속을 지킬 것이라 생각하면 안 된다.

선을 지키려면 악에 강해야 한다

악에 강하다는 말은
악을 간파하는 통찰력이 있다는 말이다.

수렵 시대에 우리 조상들은
주위 동료의 말과 행동을 믿고 따라야만 살아남을 수 있었다.
동료들이 도망가면 이유를 알지는 못하지만 같이 도망가는 것이
생존 가능성을 높이는 방법이다.
혹, 잘못된 정보라 하더라도 열심히 도망가면서 힘과 에너지를 한번
낭비한 것이 동료들을 믿은 대가일 것이다.

하지만 동료들을 믿지 않고 혼자 흔들리는 수풀을 확인하고자 할 때

검치 호랑이ⓐ가 흔들리는 수풀 뒤에 정말 있었다면….
동료를 믿지 않은 대가는 목숨을 잃는 치명적인 것일 수 있다.

이렇듯 우리 인간은 생존을 위해서
동료를 믿고 의지할 수밖에는 없었던 것이다.

이러한 유전적 경향성이 오늘날까지 우리 머릿속에 그대로 남아 있다.
부정적으로 의심하고 다시 생각해 보는 것보다
그냥 믿어 버리는 게 뇌의 에너지 소비가 훨씬 적고 편하다.

착한 사람일수록 타인을 잘 믿는다.
타인도 자신처럼 생각하고 행동할 것이라고 믿는다.
그러나 세상에는 착한 사람만 살지 않는다.
우리가 이해할 수 없을 정도로
너무 다른 생각을 가지고 살아가는 사람들이 많다.

사회에는 법이라는 규칙이 존재하지만,
법을 교묘하게 피해 타인에게 해를 입히는 경우도 많다.
심지어 법을 이용해 남에게 피해를 주는 경우도 있다.
우리 주위에는 아무렇지도 않게 남을 속이고
자신의 이익만을 취하는 사람들이 많다.
그럼에도 불구하고 우리는
생존을 위해 동료를 믿고 신뢰하려는 경향성을 가지고 있다.
우리는 상대를 신뢰하고 상대와 함께 할 때 행복감을 느낀다.
그래서 상대방이 간절히 약속하면 쉽게 믿는 경향이 있다.

악한 사람은 착한 사람의 생각을 잘 알고 있다.
물론 그들도 처음부터 악하지는 않았을 것이다.
그들도 한때는 당신처럼 착한 사람이었을 수 있다.
그래서 착한 사람의 마음을 잘 알고 있는지도 모른다.

우리가 악한 사람의 생각과 마음을 읽기 위해서 악해질 필요는 없다.
사기를 당한 경험이나 사업 실패의 뼈아픈 경험을 통해서
지혜를 얻지만 약해지거나 악해지지 않을 수 있다.
선택은 개인의 몫이다.

'나도 당했으니 똑같이 되돌려주고 싶다'는 생각에 빠질 수 있다.
하지만 똑같이 갚아 주기 위해서 나의 마음속에 악마를 키우고
나를 문 독사를 잡아 죽이고 싶은 마음을 가지고
독사를 뒤쫓기보다는 병원에서 치료를 받고
나의 삶을 살아가는 게 낫지 않을까?
복수나 원망보다는 예방이 우선이다.

속거나 당하지 않기 위해서는 나쁜 기술도 알아야 한다.
사람이 좋기만 해서는 자신의 가족을 지키고,
자신이 열심히 이룬 부를 지키고 풍요를 지키며 살 수 없다.
사람들과 일에 대해 통찰하는 연습을 해야 한다.

자신이 나쁜 일을 하지 않는 것과
다른 사람들이 나쁜 일을 하지 않는 것은 별개이다.
자신이 다른 사람을 속이지 않는다고

상대도 나를 속이지 않을 것이라 믿으면 안 된다.
자신이 약속을 지킨다고
상대도 약속을 지킬 것이라 생각하면 안된다.

무조건 믿거나 무조건 믿지 않는 것이 아니라,
판단할 수 있는 지혜와 통찰력을 길러야 한다.
열 길 물속은 알아도 한 길 사람 속은 모른다.
그만큼 사람에 대해서는 파악하기 힘들다.
사람을 만날 때 자신이 말을 하기보다는
그 사람들이 하는 말, 행동, 습관 등을 세밀하게 관찰해 보자.

자신이 말을 많이 하면 이런 기회가 사라진다.
잘 관찰해 보면 그 사람이 이전에 한 말과 지금 한 말의 앞뒤가 맞지
않아 거짓이 드러난다.

작은 틈을 보이지 마라.
인연을 쉽게 맺지 마라.
안타까운 마음에 당신이 배푼 호의는 어느덧 당연한 것이 되고,
시간이 지나면 요청에서 당연한 요구로 바꿔져서 당신에게 다가온다.
당신이 호의로 보여 준 작은 틈으로
어느덧 이들은 당신의 에너지를 고갈시키고 있을 것이다.
이 작은 틈으로 당신에게 다가온 당신을 이용하려는 사람은
당신 마음속에 있는 탐심, 경쟁심, 성급함, 무지함,
측은지심(惻隱之心), 화내는 성격 등 당신의 마음속 약한 부분을
교묘히 이용할 것이다.

작은 빈틈만 보여도 계속 파고들 것이다.
당신이 성공할수록, 당신의 부가 쌓일수록
더 교묘하고, 더 영리한 사기꾼들이 당신에게 접근할 것이다.

당신은 당신 가족과 당신의 직원들을 위해서
이들을 분별하는 통찰력을 키워야 한다.
사기꾼은 자신보다 뛰어난 사람은 속이지 못한다.
아무리 지혜로운 사람일지라도 실수를 할 수 있으니
한곳에 자신이 가진 모든 것을 투자하거나
실패하면 가족의 생계까지 위험해질 수 있는
무리한 선택은 지양하는 것이 좋다.

부자들은 다양한 개성이 있지만
현명한 부자는 자신의 부를 자랑하거나 과시하지 않는다.
부자보다 가난한 사람이 많고,
일부 잘못된 부자들 때문에 혹은, 자신과 다르다는 이유만으로
착한 부자도 비난의 대상이 되기도 한다.
또한 부자라고 알려지면 범죄의 표적이 되기도 한다.
그래서 눈에 띄고 싶어 하지 않는 부자가 많다.

다시 한번 자신을 돌아보자.
나는 말을 많이 하기보다 다른 사람의 말을 많이 듣는가?
말을 들으면서 빠져들기보다는 객관적으로 살피는가?
상대의 눈빛, 몸가짐, 행동 등에서 단서를 읽어 낼 수 있는가?

뉴스와 신문기사의 의도를 파악할 수 있는가?
통계와 수치를 그대로 믿지 않고 기준에 따른 차이를 파악할 수 있는가?
전체에 대해 통찰할 수 있는가?

결정을 내리기 전에
'만약'에 대비하여 스스로 질문하고
여러 가지 경우의 수를 생각해 보자.

Day 43

절제는 풍요로움으로 가는 통로다

Self-control Is a Key To Being Rich

절제와 풍요는
서로 반대의 의미처럼 보이지만
절제하는 능력이 풍요를 더 잘 느끼게 해 준다.
평소에 여러 가지 상황에서 절제된 생활을 해 보면
절제하는 가운데 생기는 기쁨을 느낄 수 있다.

절제는 풍요로움으로 가는 통로다

욕망의 노예가 아니라 의지에 따라 살고 싶다
언제쯤 욕망으로부터 자유로워질 수 있을까?
나의 삶의 목적은 자유로워지는 것이다.

경제적, 사회적인 자유 그리고 욕망으로부터의 자유.
마음이, 욕망이 바라는 것을 아무리 채워도
욕망을 추구하는 삶에서는 자유를 이룰 수 없다.
끝없이 욕망을 추구하지 않고 욕망을 절제하는
정반대의 길로 가야 한다는 것을 알고 있지만
그 길은 쉽지 않는 길이다.

절제하기

절제와 풍요는 서로 반대처럼 보이지만
절제하는 능력이 풍요를 더 잘 느끼게 해 준다.
평소에 여러 가지 상황에서 절제하는 생활을 해 보면
절제 속에서 생기는 기쁨을 느낄 수 있다.

단식을 해 보면, 음식을 먹는 기쁨을 더 잘 느낄 수 있다.
늘 음식을 섭취할 때보다 단식 후 음식을 섭취할 때
그 기쁨이 증가하고 음식을 먹을 수 있음에 감사함을 느끼게 된다.
음식물을 잔뜩 먹어서 포만감으로 느끼는 기쁨도 있겠지만.
음식물을 절제해서 위를 비워 두는 기쁨도 느낄 수 있다.
위를 비우고 잠을 자고 일어날 때 느끼는 그 편안함은
누구나 마음만 먹으면 체험할 수 있는 절제에서 오는 기쁨 중 하나이다.

나는 1년 정도를 목표 기간으로 채식을 하고 있다.
20년 전에도 채식을 1년 정도 했었는데
그 당시는 공부하며 일하느라 채식까지 하기가 쉽지 않았다
지금은 시간적 경제적 여유가 좀 있어서 채식을 하기가 훨씬 편하다.
어류, 가금류, 육류를 등 생명체는 먹지 않는다.
나의 기쁨을 위해서 다른 생명에 고통을 주고 싶지 않기 때문이다.

어렸을 때 어른들을 따라 횟집에 간 적이 있다.
어른들이 주문한 회가 나왔는데 물고기가 살아서 숨을 쉬고,
눈을 움직이는 모습이 너무 충격적이어서 지금도 머릿속에 생생하다.
그래서 깻잎으로 눈을 가려 주었던 기억이 있다.

내가 하는 행동을 남들에게 강요하고 싶지 않다.
요즘은 식물성 단백질 보충제가 많이 나와서,
채식을 해도 살도 빠지지 않고
오히려 속이 편해서 식사를 더 많이 하는 듯하다.
속이 편하니 잠도 더 잘 오고,
정신도 맑아져서 일하는 데도 도움이 된다.

다른 사람들이 고기도 안 먹고 무슨 낙으로 사느냐고 묻는다.
가끔 떡볶이를 먹으면서 어묵이 먹고 싶기도 하다.
그냥 남몰래 먹어도 된다.
하지만 아무도 모르지만 자신은 알고 있다.
모든 사람을 속여도 자신을 속일 수는 없다.

자신의 내재적 가치를 지켜가는 즐거움이 있다.
자신의 내재적 가치를 지켜가면 어떤 일을 할 때 추진력이 생긴다.

절제하는 또 다른 방법은 몸의 움직임을 절제하는 것이다.
요가나 참선을 수행하면서
몸과 생각의 움직임을 잠시 멈추어 보면
몸을 움직일 때의 기쁨과 감사함을 느낄 수 있다.
생각을 집중하고 멈추었다가 자유롭게 생각을 놓아주면
사고의 자유에 감사를 느낄 수 있다.
격한 운동을 하거나 호흡 관련 명상을 해 보면
호흡을 하면서도 우리가 평소 느끼지 못했던 기쁨을 느낄 수 있다.

같은 원리로 물질적 절약과 저축, 절제는 고통과 스트레스가 아니라
우리에게 물질적 풍요로움을 더 잘 느끼게 해 준다.
절제를 통해서 더 많은 풍요로움을 체험해 보자.
절제는 풍요로움을 향해 가는 통로이다.

갈무리하기
우리의 삶에 끝이 있다는 사실은 모두 알고 있다.
하지만 사람들을 보면 영원히 살 것처럼 행동한다.
건물주들은 70대나 80대에도
임대료를 5만 원, 10만 원을 더 받기 위해 애쓰는 경우가 많다.
좋은 건물을 가지고 있고, 대출도 없고,
베풀 수 있는 나이와 위치에 있음에도 불구하고
관계적 가치를 훼손해서라도 물질적 가치만을 추구하는
사람들을 많이 볼 수 있었다.

작은 돈을 아끼고 더 벌려고 노력하는 그런 행동 때문에
부자가 될 수 있었던 건 사실이지만,
월세를 조금 더 올려 받기 위해 임차인과의 관계적 가치를
훼손하면서까지
물질적 가치를 더 추구하려는 모습에 안타까운 마음이 들 때가 있다.

우리의 인생은 끝이 있으므로 이를 늘 인식하고 살아야 한다.
티끌 하나 가져갈 수 없다.
1년에 한 번 유언장을 작성해 보는 것도 좋은 경험이 된다.
자신의 삶을 되돌아보고 갈무리하게 된다.

새해가 되면 나는 늘 감사함을 많이 느낀다.
아무 조건없이 나에게 다시 1년이라는 시간이 주어진 것에 대해
감사함을 느낀다.
유언장을 작성하면서 지난 1년을 갈무리하고
새로운 1년을 감사히 시작해 보자.

한 달, 일주일, 하루도 마찬가지이다.
짧지만, 정리하고 갈무리하는 습관을 들이면,
감사할 수 있는 일들을 더 많이 발견하게 된다.

Day 44

가장 용서하기 어려운 사람은
가장 사랑했던 사람이다.

You Cannot Move Towards Success
Without Forgiving and Letting Go

돈과 경제는 사람이 만든 것이다.
사람의 감정을 이해하지 못하면 경제와 돈도 이해하지 못한다.
주식시장이나 부동산 시장 등 자산시장도
논리로 움직이기보다는 사람의 두려움, 탐욕 등과 같이
사람의 감정에 따라 움직이는 경향이 많다.

> 가장 용서하기 어려운 사람은
> 가장 사랑했던 사람이다.

무거운 짐 내려놓기

삶을 살아가면서 뭔가 정신적, 육체적으로나 경제적으로
짐스럽게 느껴지는 일, 지나치게 애를 먹는 문제가 있다면,
그것을 놓아 버려라.
책임감 때문에 너무나 힘들지만 내려놓지 못하는 문제가 있다면
다시 한번 생각해 보자.
이런 문제를 끝까지 해결하지 않고 여기서 포기하거나 놓아 버린다면
과연, 내 삶이 끝나거나 이 세상이 무너질 일인가?

사실 그런 일은 일어나지 않는다.
허무한 이야기처럼 들리겠지만

오늘 당신이 세상에서 사라져도 세상은 돌아간다.
그러므로 너무 악착같이 애를 써야 하는 문제라면 한 발만 뒤로 물러서 보자.
정신적으로나 육체적으로 감당하기 힘든 일을 오랫동안 끌어안고 있다 보면,
당신의 에너지가 정체되고 응어리가 져서 문제가 해결되기는 커녕,
점점 더 어려워지고 당신의 건강에도 아주 해롭다.
당신이 그 일을 완벽하게 이루어내지 못해도 당신의 삶은 무너지지 않는다.
그러므로 한발 물러나서 세상을 바라보고 다시 생각해보자.

고통에 몸부림치면서 악착같이 일하지 않아도 된다.
힘을 빼고 여유로운 마음을 가지면
풀리지 않던 문제도 풀릴 수 있다.
운동을 할 때에는 몸의 힘을 빼고 편안한 마음으로 해야
다치지 않고 운동도 잘 된다.
일도 마찬가지이다.
욕심으로 감당하지 못할 일을 잔뜩 끌어안고만 있으면
에너지가 정체되고, 해결의 방향과는 반대로 가게 된다.

일을 할 때 어깨와 목이 아프고 머리가 아프다면,
행복과 풍요와는 반대 방향으로 가고 있다는 신호다.
그렇다면 하던 일을 잠시 멈추고
자신의 삶과 자신이 하는 일에 대한 방향을 다시 한번 생각해 봐야 한다.

열심히 빨리 가는 것보다 방향성이 중요하다.
너무 속도에 중독된 삶을 살고 있지는 않은가?
올바른 방향으로 향하고 있는지 틈틈이 생각보는 시간을 가져야 한다.
삶의 방향을 다시 점검하여 삶의 활력을 되찾자.

짐을 내려놓고 활기차게 걸어 보자.
밝은 표정으로 힘차게 말해 보자.
즐거운 기분으로 친구를 만나 보자.
거울을 보고 크게 웃어 보자.
이런 것으로도 에너지가 활성화되고 의욕이 가득 차게 된다.
악착스런 마음과 집착하는 마음, 자기중심적인 마음을 버림으로써
우리 삶은 더욱 편해질 수 있다.

물리적 공간 비우기
여러분은 잘 정리된, 빈 공간을 체험할 때 기분이 좋아지는가?
아니면, 잡동사니가 마구 널려 있는 공간을 체험할 때 기분이
좋아지는가?
자연은 신기할 정도로 정리가 되어 있는 느낌이다.
어떤 자연이든 훼손되지 않은 자연 속에 있으면 기분이 좋아진다.
여러분의 공간은 어떠한가?

나는 정리에는 전혀 소질이 없다.
나의 공간은 책과 작업물들로 늘 엉망으로 어질러져 있다.
일에만 집중하다 보면 일부러 그렇게 만들려 해도 할 수 없을 정도로
주위가 엉망으로 어질러질 때가 있다.

언젠가 '세계적인 기업가들 중에는 정신없이 어질러진 책상과 주위 환경을 가진 사람이 많다.'고 책에서 읽은 적이 있다.
나는 이 부분을 읽으며 죄의식을 벗고 공감하게 되었다.

나에게는 집과 사무실 환경을 정리해 줄 누군가가 필요하다.
인정할 수밖에 없다.
누군가가 나의 공간을 깨끗이 치워 주면
정리된 기분으로 상쾌한 마음이 되는 것이 사실이다.
스스로 정리를 하든지 남의 도움을 받든지,
자신이 머무는 공간을 정리하고 비우면,
정리된 에너지가 생기고
빈 공간도 반드시 다시 무엇인가로 채워진다.

잡동사니를 정리해서 공간을 만들어 보자.
1년 동안 쓰지 않은 물건이나 입지 않은 옷,
필요하지 않은 물건을 매일 하나씩,
아니면 1주일에 하나씩이라도 버리거나
필요한 사람에게 나누어 주자.
그렇게 빈 공간을 만들자.
빈 공간이 주는 편안함과 여유를 느끼자.

당신의 집 안이든 사무실 공간이든, 혹은 다른 어떤 공간이든
빈 공간을 만들어 보면 당신의 생각도 비워지고 새로워진다.
불필요한 것을 제거하기 시작하면
진짜 필요한 것이 무엇인지 알게 된다.

> 정신적 공간, 마음의 공간 비우기
> '가장 용서하기 어려운 사람은 가장 사랑했던 사람이다.'

정신적 공간, 마음의 공간 비우기
미워한 상대방보다 미움을 품은 자기 자신이 더 큰 상처와 병을 얻게
된다.
정신적 고통이나 마음의 상처를 준 사람은 쉽게 잊어버려도,
그 아픔이나 상처를 받은 사람은 쉽게 잊지 못한다.
사실 정신적 상처를 준 사람은
자기가 상처를 주었다는 사실도 인지하지 못하는 경우가 많다.

용서는 과거의 생각이나 감정을 지우고
우리 마음 속에 빈 공간을 만들어 주는 역할을 한다.
그러니 용서는 빈 공간을 만들어
더 나은 것이 들어올 수 있도록 해 준다.

부를 가로막는 최대의 걸림돌인 마음속의 원망, 미움 등,
타인과 자기 자신에 대한 여러 가지 부정적인 감정을 비워서
빈 공간을 만드는 최고의 방법은 용서이다.
서로 관련된 사람 중에서 어느 한 사람만 용서의 자세를 취하면,
한쪽에서만 매듭을 풀어도 얽힌 매듭이 풀리듯이 감정적인 문제가
해결된다.

또한, 용서는 부와 성공이 들어올 수 있는
정신적 공간을 마련해 준다.

정신적 상처는 육체적 상처보다 치유가 힘들다.
마음의 상처는,
부모 자식 사이의 원망, 형제 간의 다툼,
연인, 친구와의 오해 등,
우리와 가장 가까운 사람들과 생긴다.
어릴 적 부모님은 절대적 존재이지만
우리가 성장하면서 부모님의 단점도 보이고 원망도 생긴다.
부모님은 늙어 감에 따라
생각과 말이 논리에 맞지 않고 몸도 약해진다.

부모님도 그 시대, 그 환경 속에서 배운 지식과 지혜로는
한계가 있었을 것이다.
부모님도 한 명의 사람, 한 명의 평범한 남자나 여자로 바라볼 수
있다면 부모님에 대한 원망이 사라질 수 있다.
부모님께 효도해야 한다는 의무감과
부모님에게 받은 상처로 인해 부모님에게서 더욱 멀어질 수도 있다.

어린아이는 어려서 부모님에게 효도를 다 한다고 한다.
아이의 웃는 얼굴로 부모에게 효도를 다 했다고 생각하고,
부모님에게 효도해야 한다는 의무감에서 벗어나면
부모님과의 관계가 더 좋아진다.

마음의 공간을 비우는 가장 좋은 방법은 '용서'다.

가장 가까운 사람들을 용서하라.

가장 용서하기 어려운 사람은 우리가 가장 사랑했던 사람이다.

타인이 우리에게 한번 입힌 상처에 생각이라는 에너지를 계속 더해서
병을 만들고 그 병을 키우는 주체는 우리 자신이다.

용서를 통해서 자신의 병을 치유해야한다.

용서를 해도 마음의 흉터는 남을지도 모른다.

그 흉터로 생기는 고통이 남을 지도 모른다.

하지만 과거의 상처로 병이 생기고 더 큰 병으로 키우고 있다면
미래로 나아가지 못한다.

스스로를 과거에 묶어두는 주체는 우리 자신이다.

주위의 많은 사람들이 과거의 상처에 스스로를 묶고
스스로 병을 더 키우고 있는 것을 볼 수 있다.

아픈 기억, 슬픈 기억, 분한 마음, 억울한 마음, 원통한 심정과
기대어린 원망….

이런 과거의 기억과 감정이 우리를 그 자리에 묶여 있게 한다.

용서를 통해서 자유로워져야 한다.

'용서한다'고 말할 수도 있고.

글로 쓸 수도 있고, 기도를 할 수도 있다.

명상이나 참선의 정신적 수련을 하든,

종교적 도움을 받든, 정신과 의사의 도움을 받든,

과거의 기억과 아픔을 잊고 자유로워지려면 용서해야 한다.

그리고 사랑해야 한다.

물론, 자기 자신을 용서하고 타인을 용서하는 것이 쉬운 일은 아니다.
사랑했던 사람을 용서하는 가장 좋은 길은
자기 자신을 사랑으로 가득 채워 자신이 행복해지는 것이다.
많은 사랑을 주고 많은 사랑을 받아 자신이 먼저 행복해지게 되면
용서하는 마음의 여유도 생기고 용서가 한결 쉬워진다.

나이가 많이 들수록 추진력이 떨어지고 발전하기 어려운 것은
우리의 육체적 능력이 저하되었기 때문이기보다는
과거라는 무게가 우리를 더 많이 짓누르기 때문이다.
나이가 적든 많든,
과거의 영향을 많이 받을수록 삶은 힘들어지고 우울해진다.
쉬운 일은 아니지만,
과거의 부정적인 기억, 부정적인 감정의 영향으로부터 벗어나야
부를 이룰 수 있는 마음의 공간을 만들 수 있다.

돈과 경제는 사람이 만든 것이다.
사람의 감정을 이해하지 못하면 경제와 돈도 이해하지 못한다.
주식 시장이나 부동산 시장 등의 자산시장도
논리로 움직이기보다는 사람의 두려움, 탐욕 등과 같이
사람의 감정에 따라 움직이는 경향이 많다.

사람에 대해 잘 알 수 있다면,
사람이 만들어 낸 돈과 경제에 대해서도 더 잘 알 수 있다.

Day 45

관찰 자아

The Observing Ego:
The Internal Presence Reflecting on
Your thoughts and Deeds

자신을 속이고 남을 속여서 이룬 부로는 행복한 부자가 될 수 없다.
자신을 자주 속이고 자신과의 약속을 지키지 못하는 사람은,
다른 사람도 속이고 다른 사람과의 약속도 지키지 못한다.
자존감이 높은 사람은 목표와 꿈도 크게 가질 수 있다.
큰 꿈을 가지고 있으면서 두려움이 없고, 확신을 가지고 있는 사람은
미래의 목표와 꿈이 이루어질 가능성이 높다.

관찰 자아

자신의 행동이나 생각을 누군가가 관찰하고 있다고 느낀 적이 있는가?
귀신에 쫓기는 꿈을 꿀 때
온몸에 땀이 흐르고 미간이 찌푸려지고 심장이 빨리 뛰는데,
누군가 자기 자신을 바라보고 있다는 것을 느낀 적이 있는가?

이렇게 자신의 생각과 행동을 살피고,
자신이 알고 있다는 것을 인지하는 것을
심리학에서는 관찰 자아(觀察自我)ⓐ 라고 한다.
우리가 어떤 행동을 하든, 어떤 말을 하든, 어떤 생각을 하든
늘 지켜보는 관찰 자아가 있다.

우리가 남을 속이기 위해서 거짓말을 해도
우리가 아무도 모르게 남을 해할 때도
이 관찰 자아는 우리 자신을 지켜보고 있다.
그러므로 우리가 하는 모든 생각과 말과 행동이
우리 자신의 자존감에 영향을 준다.

우리는 어린 시절부터 늘 착하고 정의로운 주인공이
결국에는 악당을 이기는 만화 영화를 보고 자란다.
한 번이라도 악당이 이기는 만화 영화를 본 적이 있는가?
그런 이유로 우리가 나쁜 행동을 하면
벌을 받는다는 생각을 하고
그런 생각들이 모여서 착하게 살려는 행동의 현실로 나타난다.

남을 속이고 남에게 해를 끼치고도
잘 사는 것처럼 보이는 사람들이 많다.
모든 종교에서는 이런 사람은 살아서 벌 받지 않는다 해도
죽은 다음에라도 언젠가는 벌을 받는다고 한다.
종교 이전에 모든 사람의 무의식 속에서는
잘못된 생각과 행동을 하는 사람의 결과는 정해져 있다.
우리가 어려서부터 수도 없이 듣고 봐 왔던
착하고 정의로운 영웅이 이기고,
악당이 벌 받는다는 생각이 있기 때문이다.

다만 시간문제일 뿐이다.
무의식에 새겨진 생각대로 이루어진다.

우리가 깨어 있는 동안, 꿈을 꾸는 동안, 깊은 잠을 자는 동안에도
이 관찰 자아는 잠들지 않고 의식의 빛을 비추고 있다.
꿈을 꾸는 동안 누군가 우리를 지켜보고 있는 경험을 한 적이 있는가?
꿈도 없는 깊은 잠 속에서도
이 관찰 자아가 의식의 빛을 비추고 있다는 것을 어떻게 알까?
꿈을 꾸지 않았다는 것을 어떻게 알 수 있을까?
꿈을 꾸었다 또는 꿈을 꾸지 않았다는 사실을 알려면,
의식의 빛이 있어야 한다.
즉 관찰 자아가 보고 있었다는 이야기다.
이렇게 관찰 자아는 꿈이 없는 깊은 잠속에서도
의식의 빛이 빛나고 있는 것이다.

관찰 자아라는 개념을 이해하고
자신을 속이고 남을 속이는 말과 행동을 하지 말아야 한다.
이렇게 자신을 속이고 남을 속여서 이룬 부로는
행복한 부자가 될 수 없다.
자신을 자주 속이고 자신과의 약속을 지키지 못하는 사람은
다른 사람도 속이고 다른 사람과의 약속도 지키지 못한다.
금전적으로도 다른 사람과의 약속을 지키지 못하는 사람은
다른 사람을 속여서 금전적 이득을 취하려 한다.
그런 행동들로 자신의 자존감을 높일 수 없다.

관찰 자아라는 개념을 잘 인식하고 자신의 자존감을 높여 가야 한다.
자존감이 높은 사람은 목표와 꿈도 크게 가질 수 있다.
큰 꿈을 가지고 있으면서 두려움이 없고,

확신을 가지고 있는 사람은
미래의 목표와 꿈이 이루어질 가능성이 높다.

또한, 자신이 원하는 풍요를 이룰 가능성이 높을 뿐만 아니라
관찰 자아와 내면의 균형을 이룸으로써 행복한 삶을 살 수 있을
것이다.

Day 46

나는 선한 사람인가?

Am I a Good Person?

한순간이라도 악한 생각과 감정을 떠올려 본 적이 없는
선한 사람은 극히 드물며
평생 동안 한 번도 선한 생각과 감정을 떠올려 보지 않은
악한 사람은 없을 것이다.
자신의 생각과 감정을 다스리는 능력이 선과 악의 출발점이다.

나는 선한 사람인가?

세상에는 절대적으로 선한 사람도 없고, 악한 사람도 없다.
나쁜 생각과 감정이 들었을 때 행동하면 악한 사람이 되고,
선한 생각과 감정을 바탕으로 행동하면 선한 사람이 된다.

한 순간이라도 악한 생각과 감정을 떠올려 본 적이 없는
선한 사람은 극히 드물며
평생 동안 한 번도 선한 생각과 감정을 떠올려 보지 않은
악한 사람은 없을 것이다.

자신의 생각과 감정을 다스리는 능력이 선과 악의 출발점이다.

나는 선한 사람인가?
우리는 대부분 스스로 선하다고 생각하며 살아간다.
우리는 선을 행하며 남에게 해를 입히지 않고 살아간다고 생각한다.
맞는 이야기이다.
하지만 우리는 뜻하지 않게 남에게 해를 입히기도 한다.

밤에 고속도로에서 운전을 하다 보면
수많은 곤충이 차의 불빛을 보고 날아와 차의 앞 유리에 부딪쳐
죽는다.
그 순간 나는 기도한다.
내가 이 곤충들을 죽이려고 의도하지는 않았지만
나의 행동이 무심(無心)으로 이 곤충들을 죽게 만들었다.
내가 전혀 의도하지 않았으므로 나의 잘못은 없는 것일까?

무심으로 지은 죄는 무심으로 돌려받고
유심(留心)으로 지은 죄는 유심으로 돌려받는다는 말이 있다.

욕망의 감정이 생겨날 때
그 욕망이나 화(火)의 기운에 사로잡혀
이성을 잃고 행동하면 문제가 발생한다.
악한 생각과 악한 마음이 떠오를 때 생각과 마음을 잘 다스리고
착한 생각과 착한 마음이 떠오를 때 행동을 한다면 선한 사람이 된다.

우리의 욕망을 적절히 절제하고 다스릴 수 있을 때,
욕망이 일어나도 이성의 끈을 놓지 않고 있을 때,

문제를 피할 수 있다.
생각의 경향성과 생각과 마음을 다스릴 수 있는 능력이
선악을 결정하는 기준이 된다.

나에게 선한 생각의 경향성이 많은가?
악한 생각의 경향성이 많은가?
자신이 가지고 있는 생각의 경향성에 따라
자기 삶의 모습이 다르게 나타난다.

나의 심장을 뛰게 하는 에너지와
거리의 걸인의 심장을 뛰게 하는 에너지가 다를까?
세계적 부자의 심장을 뛰게 하는 에너지와
가난한 나라의 길거리에서 살아가는 아이의 심장을 뛰게 하는
에너지가 다를까?
어떤 종교를 가지고 있든, 가난하든 부유하든
우리는 같은 에너지로 삶을 살아간다.
누군가는 더 귀하고, 누군가는 덜 귀하지 않다.

거리에서 종이 줍는 할머니를 만나든,
가난한 나라에서 거리의 아이를 만나든,
나와 같은 존재임을 인식하고 존중감을 가지고
공경과 공감을 표하도록 노력해 보자.
노력없이 이런 마음을 낼 수 있는가?
아무리 부자이고 권력이 있다고 하더라도 누리는 것은 별 차이가
없다.

우주의 나이는 대략 138억 년 정도라고 한다.[a]
우리가 살아가는 100년 정도의 시간은 순간에 불과하다.
시간을 돈으로 환산해서 비교해 보면
138억 원의 우주적 시간에 비교해서 100원 정도인 우리 시간은
너무도 소중하지만, 찰나의 시간이다.
이 순간의 시간 속에 허무함이 아니라 소중함을 느끼고
살아가야 하지 않을까?

세계적 부자이든 가난한 사람이든
이 세상에서 경험하고 살아가는 것에는 큰 차이가 없다.
태어나고 사랑하고 경험하고 늙고 죽는 큰 틀에서 보면
큰 차이가 없는 것이다.

모든 사람은 신의 형상으로 만들어졌다고 한다.
그 신의 모습이 우리의 마음과 생각으로 가려져 있다고 말한다.
우리의 생각과 마음이라는 구름에 의해서 맑은 하늘이 가려졌을
뿐이다.

옆을 계속 돌아보지 말고 자기 자신을 살펴보자.
자극적인 사건 사고 뉴스나 타인의 삶에서 눈을 돌려서
자기 자신의 삶에 집중하자.
타인의 삶에 집중할수록 자신의 삶은 소홀해진다.
옆집의 정원을 늘 살펴보면서 자신의 정원을 관리하지 않는 것과
같다.

끝없이 물질적 부만 추구하고,
비교하고, 경쟁하고,
시기 질투하기보다는
자신을 삶에 집중하고 삶의 풍요를 경험하고, 사랑하고
자신의 삶에서 의미와 행복을 찾도록 하자.

당신의 소원이 이루어지기를 간절히 바랍니다.

From vishad

머니 트레이너닷컴 톡 팁!

톡 팁,
머니트레이너닷컴
TalkTip,
MONEYTRAINER.COM

톡 팁!

TalkTip! MONEYTRAINER.COM

p.13

* **재정지능지수; FQ, 재정IQ 또는 금융IQ라고도 한다.**
Financial(재정) + IQ(지능지수)를 합성어로, '금융·지능지수 또는 재무능력지수'로도 통용되고 있다. IQ와 같이, 재정(금융)에 대한 이해력은 물론, 금융지식과 자산, 돈 관리와 같은 재정 행동과 금융에 대한 태도까지 포함하는 개인적인 지수를 나타내는 것으로 실제 경제적인 부와 직접적인 관계를 해석하는 데 활용되기도 하다.

** 대한민국의 FQ(재정지능지수), 우리나라 성인의 FQ는 62.2점, 17개국 중 9위.
OECD 평균은 64.9점으로 평균에 조금 못 미친다. 특히, 전체 재정 분야에서는 OECD의 기준인 최소 목표 점수(66.7점)를 넘은 사람은 17.8%로 10명 중 2명이 안된다. (2016, 한국은행)

p.13, p.61

* **제로섬 게임 (zero sum)**
어원은 레스터 써로(Lester C. Thurow) 교수의 「제로섬 사회」(The Zero-Sum Society: Distribution and the Possibilities for Economic Change)에서 사용한 용어로, 주로 게임 이론과 경제 이론에서 쓰는 용어이다.
이 용어의 개념은, 게임이나 도박, 복권, 경마와 같이 참가한 모든 참가자들의 점수를 모두 합하면 제로(0)가 되는 것으로 누군가 얻는 만큼 누군가는 반드시 잃게 되는 게임을 말한다.
경제 이론에서는 여러 사람(기업)이 서로 영향을 주고받는 상황에서 모든 이익(이득)을 합해도 항상 0(제로)나 그 이하인 상태를 말하기도 한다.

p.23

* **두 마리의 늑대 이야기**
체로키 인디언들로부터 전해져 내려 온 우화로 고대인들의 지혜를 엿볼 수 있는 이야기이다.
아메리카 원주민 가운데 유일하게 문자를 가지고 있었던 체로키 인디언들의 우화와 전설들을 20세기에 들어 서구 작가들이 우화와 만화, 지혜서로 인용, 발간하면서 알려지게 된 내용 중에 대표적인 우화다.
특히 우리나라에서는 2000년대 후반부터 최근까지 아동 교육서, 만화, 웹툰 등은 물론 경제서 등에서도 이 우화를 인용하여 인간 본성 또는 심리, 행복론과 경제론 등 다양한 분야에 인용되고 알려져 있다.

톡 팁!

p.27

＊ 백만장자(百萬長者, millionaire)
큰 부자, 대부호를 일컫는 말로, 1719년 스티브 펜티먼(Steven Fentiman)이 처음 사용하였고, 1816년 조지 고든 바이런의 편지에서 영문으로 처음 기록되었으며, 벤저민 디즈레일리의 1826년 소설에도 이 용어가 등장하였다.
그 당시 물가기준으로 자기 자산에서 부채를 뺀 순자산이 100만 달러(한화 약 12억 원) 이상을 재산으로 가진 사람을 부자로 구분하기 시작하였다.
100만 달러라는 금액 기준보다는 부자를 상징하는 말로 보편화 된 것이다.
현재 화폐가치를 적용하여 우리나라에서는 백만장자의 상위의 개념으로 억만장자(billionaire)라는 말로도 사용되기도 한다. (위키백과)

∴ 21C 세계의 부자(백만장자)
 - 중국 약 450만명, 인도는 약 300만명, 일본 약 300만명
 - 미국은 약 1,860만명, 호주 120만명
 - 한국은 74만명으로 세계 10위권 안에 있다.
  ＊ 2019 글로벌 웰스 보고서(2019 Global Wealth Report, Credit Suisse)

p.33

＊ 다이어트에 성공한 사람은 4.4%
영국 킹스 칼리지(King's Collage)의 앨리슨 필더스(Dr. Alison Filder) 박사가 총 278,982명의 참가자를 대상으로 체중 감소를 추적, 조사한 결과를 2015년 미국 과학 전문지 사이언스 데일리에 발표. 다이어트(5% 이상의 의미있는 체중 감소와 이를 유지하는)를 한 사람의 비율을 조사, 분석한 것으로 다이어트 성공으로 볼 수 있는 비율은 4.4%로 해석하고 있다.

p.46

＊ 피터 틸(앤드리아스 틸, Peter Andreas Thiel, 1967년 ~)
피터 틸은 세계적인 온라인 전자 결제 시스템 페이팔(paypal)의 창업자이자 유명 벤처 투자자이다. 그의 자전적 강연과 인터뷰, 저서 등에서 밝힌 자신의 성공 스토리 가운데 자신의 인적, 환경적 네트워킹에 대한 거리를 새로운 시각에서 조명, 설명하여 '피터론'이라는 새로운 이론을 제시하기도 했다.

2015년 내한해서 한국의 창업자들을 상대로 강의를 하기도 했으며 '성공 비결 10가지' 등 성공론, 경제론가로 '한국에서 강한 에너지 느낀다.'고 강연한 내용이 화제가 되기도 했다.

p.47
*** 워렌 버핏(Warren Buffett)의 주주 서한**
워렌 버핏이 매년 초, 자신의 자산을 투자, 운영하는 투자사인 헤서웨이의 운용 리뷰와 투자자들을 위한 지혜와 조언을 담은 서신을 작성, 이를 미 금융가와 언론에 공개, 발표되는 내용으로 전 세계 경제계에 많은 영향력을 미치고 있다.
그 가운데 2010년 미국 CNBC와의 인터뷰에서 금융 위기에 대하여 '또 다른 금융 기회로 보라'는 매우 역설적인 내용으로 유명하다.
(출전,Warren Buffett: 'When It's Raining Gold, Reach For a Bucket.' CNBC, 2010.2.27)

p.47
*** 빌 게이츠의 행운(super lucky)**
빌 게이츠가 자신의 저서 「미래로 가는길, The Road Ahead」과 CNN과의 인터뷰 등에서 언급. '큰 행운(super lucky)'은 그의 사업 성공과 가치관 전반에 기여한 모든 것들 가운데 하나로 자주 언급하였으며 자신의 긍정적인 사고와 희망에 따라온 기회라고 설명하였다.

p.53
*** 연금술(錬金術, alchemy)**
근대 과학 이전의 과학과 철학적인 시도로, 화학, 금속학, 물리학, 약학, 점성술, 기호학, 신비주의 등의 거대한 힘의 하나로 이해하려는 것이었다.
흔히 금속에서 금 등의 귀금속을 정련하는 시도로 알려져 있다.
연금술은 약 4천년간 아시아, 유럽, 아프리카의 세 대륙에서 여러 가지 철학적 전통과 상징 언어, 미신, 전통인 요소들이 함께 복잡하게 발달한 분야로 현재의 기준으로 보면 미신이나 마술에 가깝다. 과거 메소포타미아, 고대 이집트, 페르시아, 인도, 중국 등에서 이루어졌으며, 고대 그리스와 로마, 이슬람 문명권과 유럽에서 19세기 까지도 고대부터 신봉되던 원소 변환설을 근거로 값싼 철이나 납과 같은 금속을 비싼 금으로 바꾸려고 하였다.

톡 팁!

고대, 중세 유럽에서는 귀족들을 회유하는 데에 '연금술을 통해서 납을 금으로 만들 수 있다'라고
믿었지만, 현대에서는 화학이라는 개념이 생기면서 연금술은 거짓이라고 판명되었다.
현대 기술로도 연금술은 가능하지만 연금술로 금을 만드는 비용이 훨씬 비싸서 만들지 않는다.
지금은 판타지(Fantasy)적 개념으로 쓰인다.

p61, p88
* 뇌 행복 물질
우리 뇌의 신경세포에서는 40여 종의 신경전달물질(神經傳達物質, neurotransmitter)이 생산,
분비된다.
대표적인 물질 '세로토닌'은 자율신경과 호르몬(hormone)의 균형을 담당하며, 특히 우리의 감정
조절에 중요한 역할을 하고 있는데, 심신의 안정과 행복감을 주는 특성 때문에 '행복 호르몬', '뇌 행복
물질'이라는 별명을 가지고 있다.
반면, 호르몬은 일반적으로 신체의 모든 내분비기관에서 생성되는 화학물질들 모두를 일컫는 용어로
대체로 뇌 중추신경계의 지배를 받아 신체 각 기관에서 생산, 분비된다. 이 호르몬은 신경전달물질과
본질적으로 다르진 않지만 중추신경계를 이동경로로, 신경전달물질에 보다 더 광범위한 내분비
기관에서 생성되어 혈액을 통해 더 넓은 범위에 전달되고 비교적 긴 시간동안 작용하는 물질이다.
우리가 알고 있는 '엔돌핀'은 코티졸, 엔케팔린과 함께 3대 스트레스 호르몬으로 내재성 통증조절
성분을 지닌 호르몬을 모두 통칭하는 말이다.
이와 구분되는 '뇌 행복 물질'은 신경전달물질로, 고전적 신경전달물질로는 아세틸콜린 등이 알려져
있으며 그 종류(계열)는 아미노산계(글루타민산, 글라이신), 펩타이드, 옥시토신, 아세틸콜린,
노르에피네프린, 도파민, 세로토닌, 소마토스타틴, 오피오이드 펩타이드, 가바(억제성 신경전달물질),
서브스턴스 P(Substance P, SP), CART(Cocaine and amphetamine regulated transcript),
모노아민, 히스타민 등이 있으며, 멜라토닌과 같은 기체신호전달물질, 생체생합성물질인 생체아민을
포함하기도 한다. (위키백과, 라이프사이언스)

p.69
* 현금 흐름(cash flow, 캐시플로)
기업의 활동 가운데 사업, 재무 등에서 돈의 움직임을 뜻하는 회계학적 용어다.
재무상 기업이나 사업의 현재 가치를 판단하는데 중요한 근거가 되며, 기업의 자산에 현금의 유입과
유출을(cash-inflow, cash-outflow) 설명하는 말이다. 현재는 기업 뿐만 아니라 개인과 정부기관
등 사회 전반에 적용하여 일반화된 경제용어로 사용되고 있다.

p.110

* 수각(水廓, 水閣)

산사(山寺)에서 흔히 볼 수 있는 돌, 항아리, 나무 등을 이용하여 흐르는 물을 담고 넘쳐 흘려보낼 수 있도록 만든 조형물로 수곽(水廓, 水閣, 水欄)이라고도 한다. 이를 부자론, 성공학에서 비유적 설명으로 수각 이론으로 사용한다.

사장을 가르치는 사장, 공정거래 서비스 안내문 등으로 유명한 슈퍼리치 김승호 JIMKIM Holdings 회장의 「알면서도 알지 못하는 것들, 스노우폭스북스, 2017」으로 인해 돈의 능력에 대한 설명과 하나의 재무 이론으로도 사용되고 있다. 수각 이론은 서구의 '파이프 라인(pipe-line)'이라는 투자론과 부의 용어와는 다소 유사한 내용이 있지만 좀 더 복합적이고 철학적이며 차별화된 개념으로 설명, 사용되고 있다.

p.117, 104

* 레버리지(Leverage)

지렛대, 지레 효과라고 하기도 한다.

경제론, 투자론 등에서 주로 적은 힘으로 큰 힘을 낼 수 있게 해주는 지렛대의 원리를 금융, 투자와 운영에 접목시켜 더 높은 효율을 추구하는 행위를 뜻하는 용어로 주로 사용되고 있다.

또한, 모자란 투자금을 대출금으로 충당한다는 대체적인 의미로 사용되기도 한다.

현실에서 상대와 협상을 할 때 상대의 약점을 파악하여 적은 값(가격)을 지불하고 더 큰 댓가를 얻을 수 있는 수단을 레버리지라고 하기도 한다.

p.127

* 코끼리의 부정적 인지

'코끼리를 생각하지 마', '분홍색 코끼리를 생각하지 마세요' 등 동서양 각국에서 번역판으로도 출판된 조지 레이코프(George Lakoff)의 대표적인 부정적 인지능력에 대한 이론이다.

'인간의 생각이 인지에 미치는 영향'에 대하여 연구, 2004년, 구조(프레임) 심리학적 저술인 「코끼리는 생각하지마 : 미국의 진보세력은 왜 선거에서 패배하는가」(Don't think of an elephant!: know your values and frame the debate : the essential guide for progressives)를 발표하였는데, 당시의 정치, 구조 심리학, 사회심리학적인 반향을 일으킨 이론으로 21세기에 들어서 경제학, 행복론, 성공론 등 다양하고 새로운 분야와 시각에서 이를 인용, 설명하고 있다.

톡 팁!

p.139
* 워런 버핏의 일화

세계 최고 부자인 워렌 버핏의 많은 일화 가운데 하나로, 지난 2014년 4만 5,000달러(한화 약 5,700만 원)를 주고 캐딜락 XTS를 구입했다. 756억 달러(한화 약 85조 2,390억 원)에 이르는 재산을 고려하면 대단히 저렴한 자동차다. '이전까지 2006년형 캐딜락 DTS를 탔지만 딸(수지 버핏)이 오래된 승용차가 창피하다는 불평을 들은 뒤에야 차를 바꾸게 되었다'는 인터뷰 기사가 그의 검소한 생활과 투자에 대한 소신에 대한 일화로 널리 알려졌다.

p.139
* 잉바르 캄프라드(Feodor Ingvar Kamprad, 1926~2018)

이케아 가구회사 창업자로 세계 8위의 자산가이자 기업가.(2017, 블럼버그)
1943년 17세의 나이로 조립식 가구업체 이케아를 설립했는데, 이는 누구나 구매할 수 있는 저렴한 가격으로 실용성과 훌륭한 디자인을 가진 가구를 제공한다는 비전으로 출발했다.
그는 세금 절약을 위해 스웨덴에서 스위스로 이주해 30년 가까이 거주하고 있으며, 지금도 15년 된 볼보 승용차를 손수 운전하고 있고 비행기를 탈 때는 이코노미석을 고집한다.
특히 지난 21일 로잔 예술학교에 50만 스위스프랑(3억7000만원)을 기부하는 자리에서도 "구두쇠라는 세명을 자랑스럽게 생각한다"고 말했다.
현재 이케아 그룹은 세계 32개국에 200여 개의 매장에 9만 여명의 직원이 있으며, 이케아가 배포하는 상품 카탈로그는 연간 1억 6,000만 부로 성경이 이어 세계 최고의 부수이며, 매장을 찾는 고객은 연간 4억 5,380만 명에 이른다고 한다.

p.139
* 마크 엘리엇 저커버그(Mark Elliot Zuckerberg, 1984~)

미국의 프로그래머 및 인터넷 사업가이며, 페이스북 설립자이자 CEO으로 $68.2 Billion (한화 약 80조원, 2019. 포브스)의 자산가이다.
글로벌 기업인, 억만장자, 타임지 올해의 인물(2010), 유대계 미국인, 세계적인 억만장자 등 많은 수식어를 가지고 있는 한편, 그의 검소하고 간결한 생활상들이 세계적인 잇슈가 되고 주목을 받고 있기도 하다.
특히 그의 트레이드마크가 된 티셔츠와 청바지, 골프 소형차. 매일 같은 스타일의 옷을 입는 것에 대해서도 '내 인생에 대한 결정해야하는 것은 최소화하고 싶었다. 오늘 무엇을 입을지 신경 쓰는 대신에 내 주변의 커뮤니티를 더 돌보는 것이 낫다고 본다.'라고 밝히기도 했다. 또한, 페이스북이

상장되어 억만장자에 오른 뒤 인 2011년에야 자신의 집을 6,000달러의 월세로 구입, 이사하여 화제가 되기도 했다. (나무 위키, 포브스지)

p.158
* **디팩 초프라(Deepak Chopra, 1946~)**
인도 뉴델리 태생, 하버드 대학 의학박사이자 베스트셀러 작가. 고대 인도의 전통 치유과학인 아유르베다와 현대 의학을 접목하여 '심신의학(Mind-body Medicine)'이라는 특유의 한 분야를 창안했다. 인도 철학과 서양 의학을 융합시킨 독창적 건강론, 행복론에 대한 관련 서적을 출판, 심리, 의학, 건강 관련 분야는 물론 세계 수많은 정치적, 문화적 지도자와 독자들을 매료시키고 있다.

p.161
* **하버드 그랜트 연구(Harvard Grant Study)**
'인간의 삶에 행복의 비밀'을 알아보기 위해 1937년 부터 미국 하버드 의과대학의 알리벅(Ali Bock) 심리학 교수가 연구를 시작, 1967년 조지 베일런트(Geoge Vaillant) 교수가 그 후속 연구를 계속하여 72년간에 걸친 종단연구 결과를 2009년, 시사지 'Atlantic Monthly'에 발표하였다.
이 발표는 연구를 지원한 그랜트 백화점의 이름을 따서 '하버드 그랜트 연구'라고 한다.
1938년부터 72년간, 당시 하버드대학 재학생 268명을 대상으로 72년간 심리적 특성, 사회적 요인, 생물학적 변화 과정 등을 추적, 조사하고 2~5년마다 참가자의 직업, 건강, 결혼과 가정생활, 사회적 성취, 친구관계 등 생애 전반에 걸친 심층 면접조사와 뇌 스캔과 혈액검사와 같은 의학적인 검사도 시행하여 연구, 분석한 결과를 2009년 5월에 발표하였다.
또한, 이 연구의 동시, 비교연구로 당시 보스턴 빈곤층의 가정의 12~16세의 자녀 456명을 대상으로 75년간 같은 조사 관찰한 결과를 'G2(Seccond Generation) 연구'로 발표하였다.
이 연구들은 '인간의 행복한 삶', '행복한 노년', '웰빙(well-being)'에 대한 사회과학적, 인문학적 연구의 대표적 연구로, "가장 확실한 것은 인간의 삶을 행복하고 건강하게 만드는 것이 바로 '인간관계'였다."고 로버트 와그너가 발표함으로써 인문학 분야에 자연과학적 접근을 더한 새로운 지표로 통용하고 있다.

p.165
* **W. S. 클라크(William Smith Clark 1826~1886)**가 메사추세츠 농과대학 학장으로 재직 중에 일본 정부의 초청을 받아 삿포로농업학교에서 부학장으로 재직한 후, 귀국 전 환송식에서 학생들에게

톡 팁!

남긴 말이다. 이후에 밝혀진 원문은 "Boys, be ambitious for, Christ!"였다고 한다.
우리나라에서는 일본의 사회, 영어 교육의 내용을 토대로 한 많은 지식인과 학자, 교재 등에서 이 문장이 자주 인용, 언급하면서 널리 알려진 것으로 보고 있다.

p.170
* 번 아웃 증후군 (bun-out syndromes)
'소진 증후군, 탈진 증후군'으로도 일컫는 심리학적 용어로, '번 아웃(burnout, 消盡)'이라는 용어는 1970년대 미국의 정신분석가 프로이덴버거(Herbert Freudenberger)가 사용하였다.
그는 중독 관련 장애의 심리상담에 종사하는 직원들을 관찰하던 중 '다른 사람을 돕는 직업을 가진, 심한 스트레스와 높은 이상을 가진 사람들'의 부정적인 심리와 상태를 설명, 묘사하기 위해서 이 용어를 사용했다. 이후 현대사회의 사회 심리적 병리 현상을 설명하는 일반적인 용어로 자리 잡게 되었다. 의학적 질병은 아니지만 지난 2019년 세계보건기구 WHO의 국제질병표준 분류 기준에 포함되었다. 이에 '번 아웃'의 치료적, 대안적 개념으로 제시되고 있는 것으로
'일과 삶의 균형(work-life balance)'이 제시되고 있기도 하다. (나무위키, 중앙일보)

p.178
* 마쓰시다 고노스케(松下幸之助, 1894 ~ 1989)
일본의 대표적인 기업인. 간사이[關西] 상공학교를 졸업, 1918년 마쓰시타전기기구제작소(현재 ㈜마쓰시타전기산업)를 설립하고, 1946년 PHP 연구소를 창설, 풍요로운 삶을 위한 PHP 운동을 시작했다.
1979년 (재)마쓰시타정경학원을 설립하고 이사장겸 학장으로 취임하였으며 일본 근현대사의 경제인으로 입지전적인 인물 중 한사람이다.

p.211
* 거울 뉴런(Mirror neurons)
거울 뉴런이란, 타인의 행동을 거울처럼 반영하는 신경 네트워크를 말한다.
이탈리아의 신경 심리학자 '리촐라티(G. Rizzolatti)'가 1990년대에 원숭이의 이마 엽에서 처음 발견한 신경심리 현상 또는 작용을 설명하는 용어이자 이론이다. 이후, 인간의 거울 뉴런은 뇌의 더욱 다양한 영역에서 더 복잡하게 나타난다는 거울 뉴런에 대한 다양하고 발전된 연구로 이어지고, 인간의 뇌 연구와 뇌 과학, 신경 정신과 의학 분야의 용어로 개념화하여 자리하게 되었다.

p.238

* **무재칠시(無財七施)**

잡보장경(雜寶藏經)이라는 불경에 나오는 부처의 가르침으로 '재물이나 가진 것이 없어도 남에게 나누어 줄 수 있는 일곱 가지'란 뜻이다. 가진 것이 없는 사람일지라도 남에게 베풀 수 있는 일곱 가지는 가지고 있으며 이를 늘 생각하고 행동하라는 실천적 의미의 말이다.

p.242

* **아르키메데스(Archimedes of Syracuse)의 유레카(Eureka)**

히에로 2세가 순금 왕관을 장인에게 만들게 했는데, 과연 순금으로 만든 것인지 의심을 품고 아르키메데스를 불러 순금 왕관의 진위 여부를 알아보게 했다.

방법을 고민하던 중, 목욕탕에 들어간 그가 탕속 물에 들어가자 넘쳐 흐르는 물을 보고 아이디어가 떠올라 옷도 입지 않고 "에우레카, 에우레카!"를 외치며 뛰쳐 나갔다.

왕에게 간 아르키메데스는 물이 다 차 있는 그릇에 왕관을 넣었다. 그리고 같은 크기의 그릇에 물을 가득 붓고 왕관과 같은 무게의 순금 금화를 넣었다. 각 그릇에서 흘러나온 물의 양이 같은 것을 왕관과 순금 금화의 중량과 부피가 일치하기 때문에 내부적으로도 같은 물질로 만들어졌을 것이라는 것을 추론해 냈다.

이를 '아르키메데스의 원리(Archimedes' principle)'를 설명하는 일화로 널리 알려지게 되었으며, 사실 유레카(eureka)는 영어식 발음으로 원래는 그리스어로 'εὕρηκα', 발음은 '[heurēka], 에우레카'가 정확한 표현이다.

p.77, p.255

* **검치 호랑이(saber-toothed tigr)**

선사시대 BC 4000년~1만년전까지 살았던 강한 다리와 어깨, 거대하고 사나운 송곳니를 가진 고양이과의 육식 동물이다. 검치호(劍齒虎), 칼이빨 호랑이로 불리기도 하며 선사시대 현생 인류와 동시대적인 상징적인 동물이다.

p.276

* **관찰 자아(observing ego, observing self)**

특정한 사건이나 상황에서 자신이 경험, 반응하는 심리 상태나 내면적 현상 등을 자기 스스로 관찰하고 파악한 자아를 말하는 심리학 용어이다.

톡 팁!   TalkTip! MONEYTRAINER.COM

사회경제적인의 용어로는 자기 관찰 또는 관찰 자기(observing self)로 일반적으로 사용되고 있으며, 사회심리학이나 인간학과 같은 분야에서는 관찰 자아(observing ego)로 설명하는 경향이 있다.

---

p.284

＊ 우주의 나이는 138억년(광년)

우주의 나이(age of the universe)는 17세기 경 성서를 토대로 계산하기 시작한 나이,
시간은 우주가 생긴 것, 대폭발로부터 지금까지의 시간이 우주의 나이이자 시간으로 본다.
가장 최근 2013년의 관측과 ΛCDM 모형에 따라 137.98 ± 0.37억 광년이 우리 우주의 나이이자
시간이다.
대폭발 이론에 따르면 우주는 초기의 매우 뜨거운 상태에서 점차 식어 왔는데, 우주 마이크로파
배경의 현재 온도를 측정함으로써 대폭발 당시부터 현재까지 우주가 냉각되는데 걸리는 시간을
측정하였다.
또 현재의 우주의 팽창 속도를 측정하고, 이 값으로부터 거꾸로 우주의 크기가 0이 될 때까지의
시간을 계산하는 방법으로 우주의 나이를 추정하기도 한다.

지구의 나이는 약 46억 년,
지질학자들이 1세기에 가까운 노력을 기울인 끝에 방사성 연대측정법을 이용하여 알아낸 사실이다.
방사성 원소의 붕괴는 오로지 시간에만 관련될 뿐, 주위의 압력이나 온도 등에는 전혀 영향을
받지않고 규칙적으로 붕괴한다. 이 원소가 붕괴되어 반으로 줄어드는 시간을 반감기라 하고,
탄소-14의 반감기는 6,000년이고, 우라늄 235와 238의 반감기는 각각 7억 400만 년, 44억 7천만
년이다. 이 방법으로 지구의 암석에 들어 있는 방사성 원소의 반감기를 정밀 측정해서 얻은 값이
약 46억 년이다. (위키백과)

돈 교육은
머니트레이너
닷컴 MONEYTRAINER
.COM

발행일	2020년 5월 25일 초판 발행
인쇄	2020년 5월 22일 초판 인쇄
지은이	비샤드
기획	머니트레이너닷컴 서찬원, 김영민
편집	김미혜, 백상현, 이용섭
디자인	윤소영, 손주희, 이재원_담디자인
펴낸곳	머니트레이너닷컴 moneytrainer.com
제작인쇄	MT경제교육연구소, KSI한국학술정보
등록	2018-000027호(2018.12.03)
주소	서울특별시 영등포구 영등포동7가 94-99 휴젠느BD, L1F
전화	T.02) 324-3565 070) 4473-5595
팩스	F.02) 324-3118
이메일	smoneytrainer@naver.com
ISBN	979-11-970472-1-3 04300
	979-11-970472-0-6 (Set)
정가	18,000원

※ 이 책은 저작권법에 따라 보호받는 저작물이므로 무단 전재와 복제를 금합니다.
　잘못된 책은 구입하신 곳에서 교환해 드립니다.

※ 이 도서의 국립중앙도서관 출판시도서목록(CIP)은 서지정보유통지원시스템 홈페이지
　(http://seoji.nl.go.kr)와 국가자료공동목록시스템(http://www.nl.go.kr/kolisnet)에서
　이용하실 수 있습니다.(CIP제어번호 : CIP2020019032)